90日で組織が変わる経営企画の教科書

利益を劇的にアップさせる!

株式会社アカウティングプロ
代表取締役
若杉拓弥

あさ出版

はじめに

起業してから事業を拡大して年商が1億円を超えたとき、経営者の皆さんは次のように考えます。

「もっと会社を拡大させて売上を伸ばしていきたい」

年商1億円を実現した自身の経営手腕に自信を持ち、そのまま右肩上がりで経営を軌道に乗せていこうと奮闘する。これは、経営者として自然な姿勢でしょう。

しかし、詳しくは本書で述べますが、多くの中小企業の場合、拡大どころか停滞をしてしまうことが少なくありません。その停滞は一時的ではなく、10年や20年など長期にわたって続き、結果として年商数億円規模に留まってしまうのです。

本書を手に取った皆様のなかにも、このように会社の規模や売上が停滞し続けている経営者がいらっしゃるかもしれませんね。

では、なぜ会社が拡大しなくなり、売上も停滞してしまうのでしょうか。

私はさきほど「年商1億円を実現した自身の経営手腕に自信を持ち」と述べました。実は、これが大きな原因となっている可能性があります。

会社を興してからずっと経営者の才覚と行動力で組織を動かして、事業を拡大してきたがために、経営者はその成功体験にとらわれがちです。しかし、会社の規模が大きくなるほど、日々の課題や改善を要すべきことが増えてくるため、どこかのタイミングで従来の経営方法は変えなければいけません。一人で実行できる量に対して課題や改善すべき取り組みはあまりに多く、経営者一人のパフォーマンスに頼っているだけではやがて停滞する時期が訪れるからです。

では、日々の課題や改善を要することに対処するにはどうすればいいのか。

それは「組織の力」を身につけることです。

経営者の一人の力ではなく、「組織の力」を身につける

お話しの途中ですが、ここで自己紹介をさせてください。

私は、株式会社アカウティングプロで代表取締役を務める若杉拓弥と申します。

弊社はコンサルティング会社で、「中小企業のチャレンジを加速させる」ということを理念とし、お客様の最高のチャレンジパートナーになるために、新規事業や新しい経営革新の取り組みに伴走するサービスを展開しています。

まさに私自身、中小企業の経営者であるわけですが、実は年商6000万円あたりで5〜6年間ずっと伸び悩んでいた時期がありました。

この停滞の時期は経営に関する名著を読み漁り、新しい経営理論や経営方法を取り入れてみたりするなど、経営が軌道に乗るようにさまざまな取り組みにチャレンジしました。文字通り、試行錯誤を繰り返す日々でしたが、思うような結果は得られませんでした。

転機が訪れたのは２０２1年のことです。日本の中小企業は今後規模の拡大が必要という論調が出始めてきたことをきっかけに、自社も雇用を増加させたのです。また、コンサルティング業務は組織化に悩む年商数億規模の中小企業をメインに設定するようになりました。このような変化のなかで私の経営方法にも変化が生まれました。

順を追って説明しましょう。

まず、なぜ売上が上がらないのか？　なぜ利益が減ってしまうのか？　実際の現場で何が起きているのか把握できていなければ、正しい経営をできないということはご理解いただけるでしょう。しかし、多くの場合、会社を成長させたり、事業を拡大させたりするときは計画を立てることから始めようとします。これでは、現状認識をできず正しい経営判断も下せません。

たとえば、皆さんの会社の売上が低かったとしましょう。

この場合、まずは現場で何が起きているのかということを従業員全員で把握することからスタートするのです。現状認識をすることで、売上につながる見込み客へのアポイントの数が少ない、もしくはアポイントが取れたのに1日に回る訪問件数が少ないといった具体的な問題が浮かび上がるはずです。具体的な問題がわかったら、次はどうすればいいのか話し合って、具体的な行動に落とし込む。このような流れで従業員一丸となって日々の課題や改善への取り組みを進めるのです。

ポイントは、「従業員全員」で取り組むこと。先述の通り、会社の規模が大きくなるほど、日々の課題や改善を要する取り組みの数が増えてきます。経営者だけで現状認識しても効果は限られ、従業員一人ひとりが現状認識をして問題を把握し、具体的な行動に落とし込むことによって効果は最大限にまで高められます。

これがまさに「組織の力」というわけです。

どんな中小企業でも「組織の力」を身につけられる

私の会社では、「組織の力」を活用する経営に転換をしてから、1年で1・9倍、2年で2・7倍に売上が拡大しました。さらに、この成功体験を活かすべく、自身の会社経営の経験をもとに売上（≒粗利）が数億円規模の中小企業に対するコンサルティング（経営企画の代行）を行った結果、市場が縮小傾向にある業界であるにも関わらず、売上10％の成長や慢性的な赤字体質の企業が黒字化するなど、支援先でも「組織の力」の効果が出始めました。

本書は、「組織の力」を身につけられる経営ノウハウを、より短期間で結果を実感できるように90日間のプログラムにまとめたものです。

本書を読み終わったあとには、「組織の力」を身につけて年商を大きく伸ばすための道筋が頭のなかにはっきりと描けていることでしょう。

皆様の大事な会社を変革するための一歩を本書で踏み出しましょう。

株式会社アカウンティングプロ代表取締役　若杉拓弥

CONTENTS

第2章

90日&3ステップ！ CAPDサイクルの迅速化で「組織の力」を身につける

第3章

全体会議で「組織の力」の土台をつくり上げる

~ステップ①「立ち上げ」の30日で取り組むこと~

第4章

経営幹部会議で組織の中枢を強くする

~ステップ②「習慣化」の30日で取り組むこと~

第5章 現場で自律した従業員を育て上げる

～ステップ③「定着」の30日で取り組むこと～

第1章

「年商5億円の壁」を突破するための経営とは？

中小企業に立ちはだかる年商5億円の大きな壁

経営年数を重ねても業績が上がらない会社はたくさんある

皆さんは、「年商5億円の壁」をご存じでしょうか？

「年商5億円の壁」とは、年商5億円とそれ未満の間に立ちはだかる壁のことです。

中小企業のなかには、この「年商5億円の壁」にはばまれて、何十年も売上が停滞してしまっている企業がたくさんあります。

図1―1と図1―2は経済産業省と総務省が出している中小企業に関するデータをもとに作成したものです。それぞれ年商規模で分けた日本国内の中小企業の割合と、

図 1-1　年商別に分けた日本の中小企業の割合

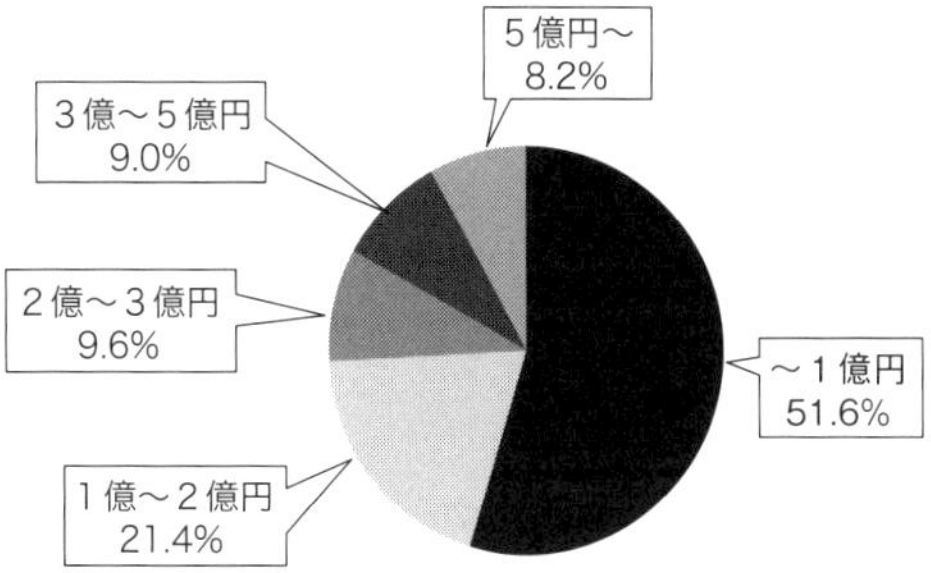

１億円未満が 51.6 パーセントと過半数を占めており、５億円以上は 8.2 パーセントしか存在しない。

出所：経済産業省『平成 30 年度財務情報に基づく中小企業の実態調査に係る委託事業最終報告書』より

図 1-2　経営年数別に分けた日本の中小企業の割合

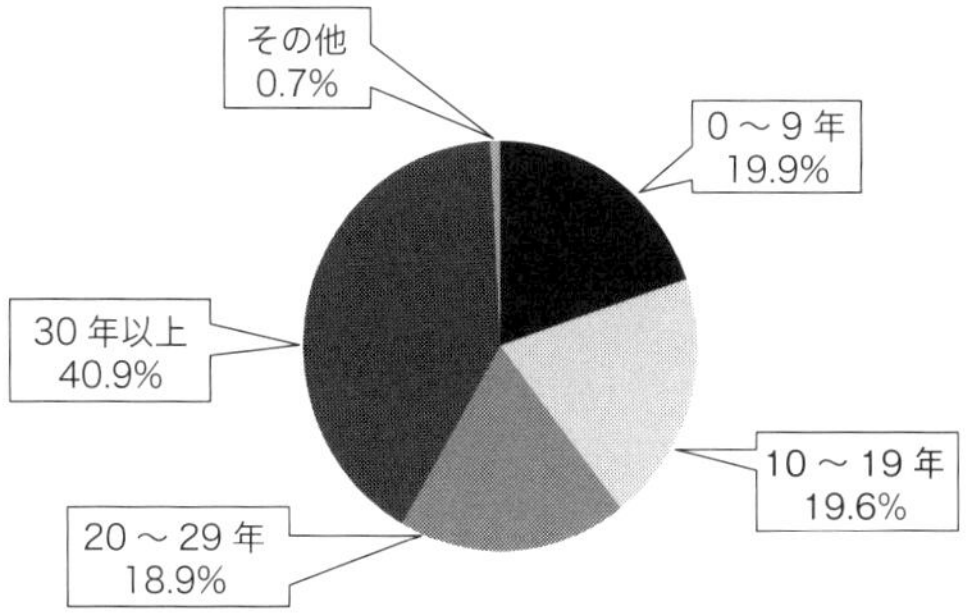

経営年数は０～ 19 年の比較的「若い企業」が約４割を占める一方、30 年以上の「老舗企業」も約 40 パーセントの割合で存在する。

出所：総務省『平成 26 年経済センサス - 基礎調査の調査対象』より

経営年数で分けた日本国内の中小企業の割合を表しています。

図1―1を見ると、1億円未満の会社が約半分を占めています。1億〜2億円が21・4パーセント、2億〜3億円が9・6パーセントとなっており、3億〜5億円は9・0パーセント、5億円以上では8・2パーセントしか存在していません。

一方の図1―2では、経営年数10年未満が19・9%、10〜19年が19・6%、20〜29年が18・9%、30年以上が40・9%の割合を占めています。

これらのデータから、**中小企業の約8割弱が創業10年以上であるのに、年商が5億円以上ある中小企業は、わずか8・2パーセントしか存在していないことがわかります。**

つまり、創業年数の長さと、会社の年商規模は比例するわけではないということ。

創業から10年、20年……と年数を重ねても、1億円に到達することなく、売上に伸び悩む中小企業は少なくないのです。

中小企業にとって年商5億円という数字は、なかなか乗り越えることができないものです。私はそれを「壁」と呼んでいます。

しかし、わずか8・2パーセントではありますが、売上を拡大させていき、「年商5億円の壁」を突破している中小企業があることも事実です。しかも、そのなかには創業から10年未満の会社も少なくありません。

経営者であれば、当然この8・2パーセントになれるように成長を望み、行動していることでしょう。では「年商5億円の壁」を乗り越える中小企業と、乗り越えられない中小企業ではなにが違うのでしょうか。

「年商5億円」を乗り越える企業は「組織の力」を活用している

私はこれまで、業種問わず数百社におよぶ中小企業に対して経営企画の策定を中心とした支援することで、経営を革新するお手伝いをしてきました。

経営企画とは簡単に言えば、自社の経営課題を見つけ出し、中長期的にそれを改善しながら、どのように会社を運営していくのかを定めたものです。

たとえば、新規事業の立案や立ち上げ、営業／マーケティング戦略の立案や推進、日常業務の改善・資金繰り表の作成、金融機関との融資交渉、ミッション・ビジョンの策定、採用計画戦略の立案、人事評価制度の構築など多岐にわたります。

こうした活動のなかでわかったことがあります。

それは、「年商5億円の壁」を乗り越えて成長する中小企業は、「組織の力」をうまく活用しているということ。「組織の力」とは、普段から経営に関する課題を全社で共有して、従業員それぞれが課題を「自分事化」して改善に取り組む力を指します。組織のなかで従業員が自律的に動くことで、日々成長を遂げるというわけです。こちらについては、大切な部分なので次項から詳しく説明しましょう。

一方で、**「年商5億円の壁」を乗り越えられない中小企業は、「個人の力」だけで会社を運営しているケースが目立ちます。**「個人の力」の個人とは多くの場合、経営者を指します。

たとえば、経営者一人の力で売上を保っていることが多く、会社全体で普段から課題を共有したり、改善に向けて動いたりする機運に乏しい状態にあります。放置した課題が経営に支障をきたす段階になってから、ようやく対応策を考えるため、気づいたときには手遅れになります。また、経営者が決めたことが実施されるまでのスピー

図1-3　「年商５億円の壁」を突破するために必要なこと

「組織の力」
みんなの力で年商５億円
を達成できる！
「個人の力」
一人だけの力では
「年商５億円の壁」は
越えられない……

ドは経営者次第であり、いつまでたっても実行されないこともあります。

「個人の力」だけでは、「年商5億円の壁」を越えることは基本的にはできません。

後述するように、VUCAといわれる不確実性の高い時代では、経営計画が「絵に描いた餅」に終わることは珍しくありません。経営の課題がどんどん発生するためです。そういった状況では、「個人の力」だけで課題一つひとつに向き合って、解決することなど到底できないのです。

求められるのは、課題解決に向けてスピード感を持って組織全体で取り組む「組織の力」です。

正しく戦略を企画できる組織づくりより、戦略を正しく実行できる、柔軟性と実行力を備えた組織づくりをしておくことが経営者にとって大切です。

「組織の力」がうまく機能すると「ピンチ」が「チャンス」に変わる

事業環境の変化をチャンスにできるか

10年以上前と比べると、現在は会社を経営するにあたって課題に直面する頻度が増えているといわれています。先述したＶＵＣＡと呼ばれる変化の激しい時代にあるためです。

ＶＵＣＡとは、Volatility（変動性）、Uncertainty（不確実性）、Complexity（複雑性）、Ambiguity（曖昧性）という４つの単語の頭文字をとった言葉で、目まぐるしく変転する予測困難な状況を意味します。

記憶に新しい例では、２０２０年に起きた新型コロナウイルス感染症の流行が挙げられます。

当時、国内外の中小企業の多くが甚大な影響を受けました。実際に私がコンサルティングしている中小企業では、次のような課題が次々と生まれました。

A社：融資元のメガバンクから「これ以上の支援はできない」と申し入れがあった。

B社：取引先に値上げなどの条件変更の打診をしたら、取引を競合先に変更されてしまった。

C社：事業の柱だった対面サービスが、コロナの影響でニーズがなくなって大きく売上減少。人員整理などの効率化策を検討せざるを得なくなった。

いずれも会社経営に大きな痛手を被り得る事態です。融資を打ち切られれば、資金繰りがうまくいかない恐れが発生しますし、取引先がなくなってしまえば、売上が立たなくなります。

新型コロナウイルス感染症の流行によって、こういった影響を受けた中小企業はたくさんあります。倒産の憂き目にあった企業も少なくありません。

しかしながら、先ほどの3社は予測困難な状況をむしろチャンスに変えて、実際には次のように成長を遂げました。

A社：事前に複数の銀行に借換を打診する準備を進めていたので、結果的にメインバンクを変更したことで改善が進んだ。
B社：ビジネスモデルの変革を進めている最中であり、結果的に稼働していない工場などの処分によって生産性を高められた。
C社：顧客単価向上のために商品開発を進め、結果的に利益率が高まった。

新型コロナウイルス感染症という予期せぬ出来事がありながらも、この3社は結果的に会社を成長させることにつなげたのです。

では、なぜ経営の危機をチャンスに変えてそれをつかむことができたのでしょうか。

それは、会社全体で日頃から経営の課題に向き合って、改善を進めていたからです。

大きな変化が起きてから課題に向き合うのではなく、日頃から従業員とコミュニケーションを取り、課題が「芽」となる前の「種」の段階から把握し対処する。こうして事前に組織を成長させるための変革に着手することで、予期していなかった変化も成長に変えることができたというわけです。これがまさに「組織の力」です。

逆に言えば、変化の激しい時代では、組織が変化に柔軟に対応できる体制になっていなければ、事業チャンスを見逃すことになります。

現場の小さな変化や声に気づかず対応できなければ、あっという間に市場から取り残され、ビジネスモデルが世のなかに合わない陳腐なものになってしまう恐れさえあります。事実、２０２３年に登場したChatGPTはこれからのビジネスシーンに大きく影響を与えることが予想されており、会社を取り巻く環境は常に変わり続けています。

「組織の力」を身につける。

中小企業ではまずこのことを最も意識しましょう。

「組織の力」が機能しているかチェックしよう

そうはいっても、皆さんの会社が現時点で「組織の力」を身につけられているのかどうか判断できないかもしれません。

経営者一人だけがすべてを決めてしまう傾向にある中小企業の共通点は経営管理がしっかりなされていないということです。

たとえば、皆さんの会社は次のような状態に陥っていないでしょうか。

□資金がショートする、またはそれに近い状況の寸前まで気がつかない。
□営業実績は月末にならないとわからない。
□採用時の給与は経営者の感覚で決めている。
□新規事業は大口の取引先やメイン事業がなくなってから考える。

「さすがに、このようなレベルの経営はしていない」

多くの読者は胸を張って答えるかもしれません。では、質問を変えてみましょう。

次の項目を実践できているでしょうか。

□月次決算が翌月10日には出る。
□決算の売上だけではなく純利益まで予想できる。
□予算の達成状況（見込・実績）がわかる管理シートが存在する。
□明確な給与テーブルが存在し、社員間で給与の逆転や不整合が存在しない。
□3～5年など一定の周期で新規事業を実施している。

いかがでしょうか。

上記の項目は、「組織の力」が機能している会社の共通点です。自信を持って、実践できていると言い切れた人は少ないのではないでしょうか。

本書が目指すのは、「年商5億円の壁」を乗り換えるために「組織の力」を活用できる会社に整えていくこと。上記の項目を実践できる会社になる方法を解説していきます。

「組織の力」を身につけるのには大きな負荷もかかる

ここで、皆さんにひとつだけお伝えしたいことがあります。

「年商5億円の壁」の前で立ち往生している会社がこの壁を乗り越えるには、それまでの経営方法をがらりと変えなければなりません。

なぜなら、「個人の力」のみで経営するのと「組織の力」を活用して経営する方法は全く異なるからです。

「組織の力」を活用する力を身につける。これは「言うは易し、行うは難し」です。

ただ、そこを超えて実践することで未来は変わります。すなわち、わずか8・2％しか存在しない年商5億円以上の中小企業へと成長できるのです。

これから述べていくことに心して取り組んでください。

「組織の力」を育てるのはPDCAサイクルの迅速化

PDCAサイクルで経営の課題を解決する

「組織の力」を身につけるには、経営者としてどうすればいいのでしょうか。

これまで、私は数百人を超えるさまざまな業種の経営者の方とお話しし、経営計画作成を支援してきました。実際に会社経営のアドバイスをさせていただくなかで、次の事実を突き止めました。

それは、「組織の力」が機能していない中小企業は、ＰＤＣＡサイクルが回っていないということです。

一方、**「組織の力」が機能している会社ほど、ＰＤＣＡのサイクルが早いという特**

図 1-4　「組織の力」を身につけるためにすべきこと

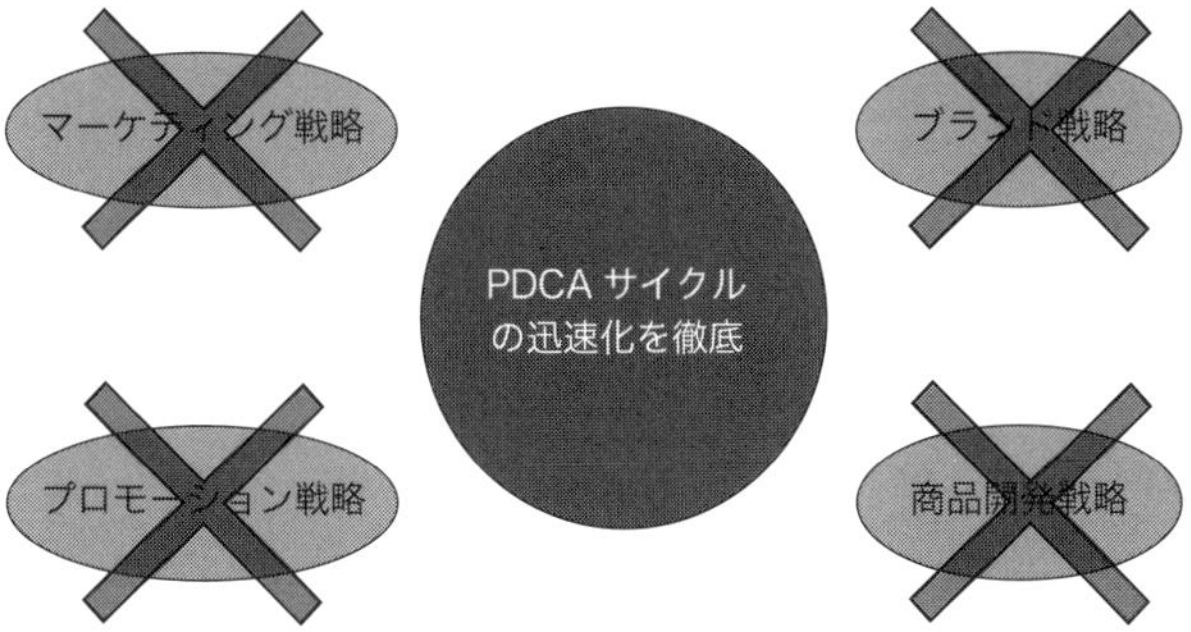

「年商５億円の壁」で立ち止まっている中小企業が取り組むべきことは、PDCA サイクルを早く回すことだ。

徴があります。

「PDCAサイクルなんてビジネスの基本でしょ？　そんなことを今さら言われても……」

　おそらく、読者の皆さんのなかには釈然としない方もいらっしゃるでしょう。

　マーケティング戦略やブランド戦略、プロモーション戦略など、組織を改革するにはこういったさまざまな手法が必要ではないかという思いを巡らせているのではないでしょうか。確かに経営するにあたって、これは重要なテーマではあります。

　しかし、「年商5億円の壁」で立ち止ま

っている中小企業が取り組むべきことは、マーケティング戦略でもブランド戦略でもプロモーション戦略でもなく、ＰＤＣＡサイクルを早く回すことなのです。具体的な事例を通して説明しましょう。

電子機器で製造業を営む老舗中小企業の話です。

その会社では世代交代があり、現在は創業者の親族が代表を務めています。最近になって経営の先行きに不安や懸念を感じた代表は、新規事業を企画して肝入りで事業を推進していくことにしました。先行きが不安な請負（納品）業務だけではなく、納品後の保守・メンテナンスの領域に参入。安定的な収益の柱をつくろうという方針でした。

しかし、新規事業に取り組む過程では、次のようなさまざまな課題が生じました。

- **競合他社の商品と比べて劣っている新製品の品質を、どう改善するか。**
- **これまで下請で御用聞きだった営業を、いかに提案型に変革していくか。**

- **原材料高騰のなかで保守・メンテナンスの価格を、どう設定するべきか。**
- **新規事業参入のための設備投資および運転資金を、どう調達すべきか。**
- **既存事業の委託先が廃業をしてしまった。いかに新たな委託先を確保するか。**

現場ではこのように次から次へと課題が生じるわけですが、ここで皆さんに考えてもらいたいことがあります。それは、これら一つひとつの課題を事前に想定して、正しい対処を順序立てて実行できるかということです。

おそらく、難しいでしょう。

ではどうすればいいのか。

現場で起こる諸課題を瞬時に①察知して、②対処を考え、③実行する。事前に想定した課題を対処していく力ではなく、次々と発生する課題に柔軟かつ迅速に対応できる「組織の力」を身につけなければいけません。

そのために、最も必要な要素こそＰＤＣＡの迅速化です。

先の例でＰＤＣＡサイクルが迅速化できていた場合、課題が発生するたびに柔軟に売上増加や利益率向上に向けた改善策を講じることができるため、変化をチャンスにして会社を成長させることができます。

外部の人間から「御社の一番の経営課題はなんでしょうか？」と聞かれたときに、「ＰＤＣＡのスピードです」と開口一番に答えられるか。

マーケティング戦略やプロモーション戦略といった内容と比べて、地味なテーマだと感じることでしょう。しかし、26ページの質問に自信を持って答えられなかった企業はその初歩的なことを実践できていません。「年商５億円の壁」を越えて組織を拡大させていくためには、こういった地味な取り組みから始めて「組織の力」の土台をつくり上げていく必要があります。

なお、**「組織の力」というからには、ＰＤＣＡサイクルの迅速化は経営者や経営幹部などマネジメント層だけの課題だととらえないことが大切です。**中間管理職や現場従業員を含めた会社全体の課題として対処しなければなりません。

ＰＤＣＡサイクルを活用した改善をトップマネジメントだけで行った場合と、従業員全員が行った場合をイメージしたら、得られる結果が全く異なることは明らかでしょう。

ＰＤＣＡサイクルが大事という認識だけでは片手落ちで、いかにＰＤＣＡサイクルを「組織文化」に落とし込んでいけるか。ここまで実行して初めて「組織の力」が機能する企業をつくることができます。

中小企業のほとんどでPDCAサイクルを回せていない

半世紀以上、ビジネスの現場で活用される業務改善方法

PDCAサイクルは、1950年代にアメリカで生まれました。

Plan（計画）、Do（実行）Check（確認）Action（改善）の4つの段階を経て業務を改善する方法のことで、名称はそれぞれの段階の頭文字に由来します。

PDCAサイクルを開発したのは、統計学者のウォルター・アンドルー・シューハート博士（1891～1967）という人物です。

工業製品を開発する際に役立つモデルを研究していたシューハート博士は、観察に基づいてアイデアを生み、そのアイデアを実験して、最終的にアイデアを洗練すると

いうサイクルを１９３１年に考えました。この考え方は、ギリシャの哲学者アリストテレス（前３８４〜前３２２）が提唱した「観察に基づいて真理を見出す」という伝統的な科学的思考法に基づいているとされています。

シューハート博士の考えたサイクルは、「仕様」→「生産」→「検査」という３つのステップでした。この３つのステップは品質のバラツキを抑える効果をもたらし、工業製品の制作管理に大いに役立ったそうです。そして、これをさらに改善したのが、統計学者のウィリアム・エドワーズ・デミング博士（１９００〜１９９３）だと言われています。

シューハート博士のサイクルは製造現場を中心に有効でしたが、デミング博士のサイクルは生産やテストを繰り返し、それをシューハート博士のサイクルに取り入れました。

これが「計画」→「実行」→「確認」→「改善」というサイクル、すなわちＰＤＣＡサイクルです（図1―5参照）。１９５０年、デミング博士が日本科学技術組合でこの考え方を発表したことをきっかけに、ＰＤＣＡサイクルは世に広まっていきます。

図 1-5　PDCA サイクルのイメージ

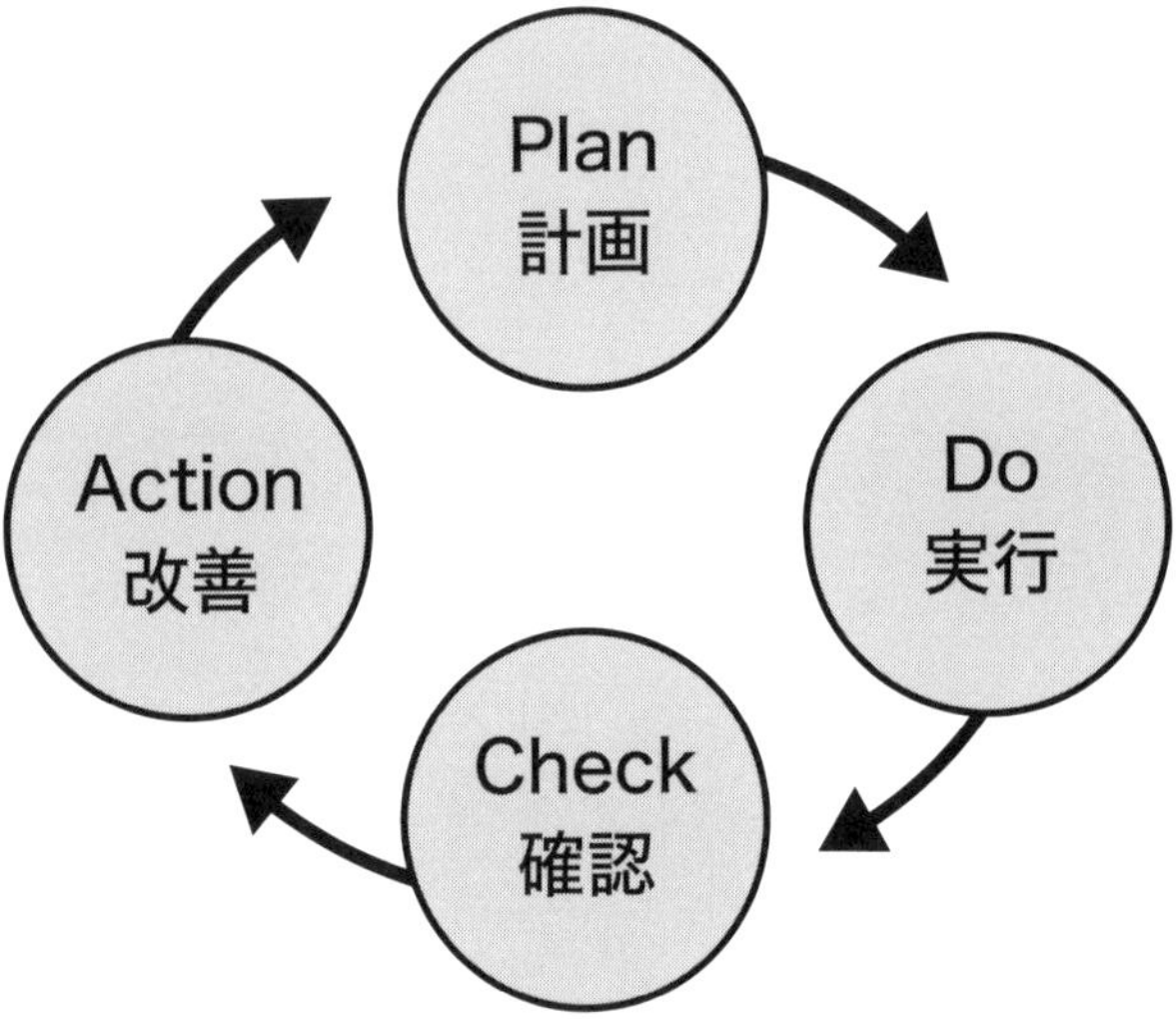

Plan（計画）、Do（実行）、Check（確認）、Action（改善）の４つの段階を経て業務を改善する方法。

PDCA サイクルの主な効果

①継続的に品質管理や業務改善ができる。
②目標やタスクを明確に設定できる。
③無駄を省いた業務改善ができる。

ＰＤＣＡサイクルを回せない会社の原因とは？

ＰＤＣＡサイクルの効果は、継続的に品質管理や業務改善ができるほか、目標やタスクを明確に設定できたり、無駄を省くことで業務を改善ができたりするといったことが挙げられます。現在、個人レベルの業務から管理職のマネジメント業務までビジネスシーンで幅広く活用されています。

しかしながら、**現場レベルでＰＤＣＡサイクルのプロセスを上手く回している企業は多くありません。**

ある中小企業を例に説明しましょう。

オフィス用品を扱うＡ社では、ここ数年売上が下がっていました。

こうした事態を受けてＡ社の営業部は売上を改善するべく、新規顧客を獲得するためのプロモーション戦略の見直しに取り組むことにしました。

展示会などのイベントへの参加やウェブマーケティングへの予算配分、テレアポなど営業代行の活用などを検討（＝計画（Plan））したのです。

すると、さまざまな計画（Plan）が出たのはいいものの、計画（Plan）を詰めるために多くの時間を消費するうえに、実行するにはさらに時間を要することが明らかとなりました。

つまり、計画（Plan）している間にもどんどん売上は下がっていくことがわかりました……。

こういった状況に対応するため、営業部では次善策（ネクストプラン）を考えることが決まります。1週間の時間を設けて、営業部が作成した次善策を社内で評価し、さらに1〜2週間後に推敲した次善策を吟味して実行に移すことにしたのです。

しかし、この段階である問題が発生します。

顧客に向けた提案書など営業資料の再作成が必要になったり、現状の顧客管理システムに課題があったりすることがわかったのです（実は、次善策を考えて実行に移す段階になって、このような課題が見つかるケースはよくあることです）。

そうして、改めて次善策を精査することになりました。

この間、A社の経営者は、新規事業やビジネスモデルなどの経営戦略立案などの課題に忙殺されており、現場で改善のための検討が行われていると判断して積極的に関与していませんでした。

そんななか行われた月例会議の席で、経営者が従業員にいままでなにをしていたかを聞くと、次のような返答がありました。

「一生懸命、計画（Plan）を立てていた」

計画を立てるだけで行動に移せていなかったため、なにも対策が行われていなかったというわけです。笑い話のように聞こえますが、A社のような話は年商数億円規模の中小企業ではよくあります。

なぜＰＤＣＡを回せない中小企業が多いのか？

計画（Plan）に時間をかけすぎて実行できないことも

組織のなかでＰＤＣＡが回らない事態はなぜ起きてしまうのでしょうか。

それは、ＰＤＣＡというサイクルの順番が原因です。**前項で取り上げたA社の事例のように、多くの場合、計画（Plan）が先頭にあることで、クオリティの高いものを考案しようと時間をかけすぎてしまうのです。**その結果、いつまでもたっても、あとに続くDo（実行）Check（確認）Action（改善）が実行されないという状況に陥ってしまうのです。

会社レベルの「経営計画」から、現場レベルの「業務改善計画」まで規模は異なっても、計画するためには多大な労力が必要となります。

たとえば、経営計画を考えるというレベルのPlan（計画）では、会社のミッションやバリュー、経営目標や経営戦略など、考えることが膨大です。

それらを考えるだけで、１～２年はすぐにたってしまいます。

また、経営課題はさまざまな要因で発生している場合が多く、正確に分析するためには複数の部署から情報を集めて統合しなければなりません。しかしながら、**中小企業では現場の情報を正しく管理できていない場合がほとんどで、課題の分析のために情報を収集するのに数カ月かかるといったことがしばしばあります。**

こうした中小企業では次のような悪循環に陥ることが想定されます。

時間をかけてPlan（計画）を行っている間にまた新たな課題が発生。途中まで策定したPlan（計画）は途中で破棄され、新たな課題を踏まえたPlan（計画）を新たに策定している間にまた次の課題が発生する……。このようにして、いつまでたってもＰＤＣＡのPlan（計画）から進むことができないという悪循環に陥ってしまうのです。

ＰＤＣＡではなく、ＣＡＰＤの順番で回していく

最近では、ＰＤＣＡサイクルの弱点を解決したＯＯＤＡサイクルも知られるようになりました。

これは観察・情報収集を表すObserveの「Ｏ」、観察結果からの状況判断を表すOrientの「Ｏ」、意思決定を表すDecideの「Ｄ」、行動・実行を表すActionの「Ａ」の４つのプロセスで構成されています。

観察や情報収集をして状況を確認しながら意思決定するＯＯＤＡサイクルはＯＯＤを間断なく進めるため、ＰＤＣＡサイクルと異なって最初のスタートに時間をかけることがありません。次々と変化する市場を観察して情報収集をするため、顧客のニーズに合ったサービスを提供しやすいというメリットがあります。

ただし、ＯＯＤＡサイクルにも弱点があります。

それは、**情報収集や状況を観察し続けた結果、情報に振り回されて、逆に行動ができないという事態になり得ることです。**ＰＤＣＡサイクルのPlan（計画）に時間が

かかってしまう企業は、市場を観察したり、新しい技術について情報収集したりすること自体にも時間をかけてしまう体質になっています。時間をかけて情報収集したのはよいものの、刻々と変化する多彩な情報の前でたじろぎ、Decide（意思決定）とAction（改善）までたどり着けないのです。

では、どうすればいいのか。

私が実際、中小企業の経営者の皆さんに推奨しているのが、ＣＡＰＤという業務改善のサイクルです。

ＣＡＰＤサイクルとは、ＰＤＣＡの順番を入れ替えて、最初にCheck（確認）とAction（改善）を持ってくる方法です。

最初に現場でどのようなプロセスで業務が行われてきたのかを正しく把握し、その確認した結果に基づいて、行動を起こして、それを再度、評価して行動していくため、ＰＤＣＡのようにスタートでつまづくことはありません。また、ＯＯＤＡのように状況を確認しながら方向性を決めるものではなく、Check（確認）したら、すぐAction（改善）に移るため情報に振り回されて行動が取れなくなることもありません。

Check（確認）、Action（改善）、Plan（計画）、Do（実行）をスムーズに回せるCAPDサイクルは、まさに変化の激しい時代に最適な改善方法です。

第2章でCAPDサイクルについて、「組織の力」との関連を中心に詳しく解説していきます。

第2章

90日＆3ステップ！
ＣＡＰＤサイクルの迅速化で
「組織の力」を身につける

CAPDサイクルの3つの効果で組織は動くようになる

Check（確認）から取り組むことで組織にスピード感が出る

第1章では「組織の力」を身につけるためには、CAPDサイクルを回していくことが有効だと説明しました。

本章ではCAPDサイクルについて掘り下げて説明していきます。

前述のように、**CAPDサイクルは、Check（確認）、Action（改善）、Plan（計画）、Do（実行）の手順で進める業務改善方法です**（図2―1参照）。なぜPDCAの順番ではなくて、CAPDの順番で取り組むと改善がうまく進むのでしょうか。

ＣＡＰＤサイクルの効果は大きく次の3つが挙げられます。ＰＤＣＡサイクルと比較しながらご説明しましょう。

①行動を優先するようになる

ＰＤＣＡサイクルの計画（Plan）は熟考が求められるため立案に時間がかかります。しかし、ＣＡＰＤサイクルでは最初のステップが確認（Check）なので、すぐに取り掛かることができます。確認（Check）ができれば、改善（Action）の段階へと移ることができ、サイクルを循環させる勢いがつきます。現場にいる従業員がまず行動を起こして現状を認識することで、組織全体に高い実行力が備わります。

②失敗を恐れない文化が醸成される

ＰＤＣＡサイクルでは、失敗を避けようとする組織的な傾向が生まれます。現場の状況をしっかりと確認（Check）せずに計画を立案しているため、改善や対策が的外れになることが少なくないからです。そうした状況が続くと、現場は失敗を恐れるがあまり無難な計画しか立てられずに、改善への道はさらに遠のきます。

ＣＡＰＤサイクルでは最初に確認（Check）をするため、これまでの取り組みについてよかった面はもちろん、悪かった面についても振り返り、失敗を受け入れることが求められます。このように失敗は改善へのステップという認識が生まれるので、やがては失敗を許容する文化が育まれます。

③早い段階から課題を認識して改善できるようになる

ＣＡＰＤサイクルでは確認（Check）、改善（Action）が最も重視されます。ゼロから問題解決に取り組むわけではなく、まずは事業や業務の確認（Check）をして、それに対処する流れのため、改善点を見つけ出そうとする意識が組織に根付きます。問題の「芽」が出てくる前に「種」の段階から認識して「摘む」ことができるようになるため、組織の成長スピードが最大化されます。

以上のように、**３つの効果は時間がかかってしまう計画（Plan）はあとに回して、まずは確認（Check）から取り組みを始めるということが大きく関係しています。**

ＣＡＰＤサイクルを組織文化に取り入れることで、①組織全体が行動力を発揮し、

図 2-1　CAPD サイクルのイメージ

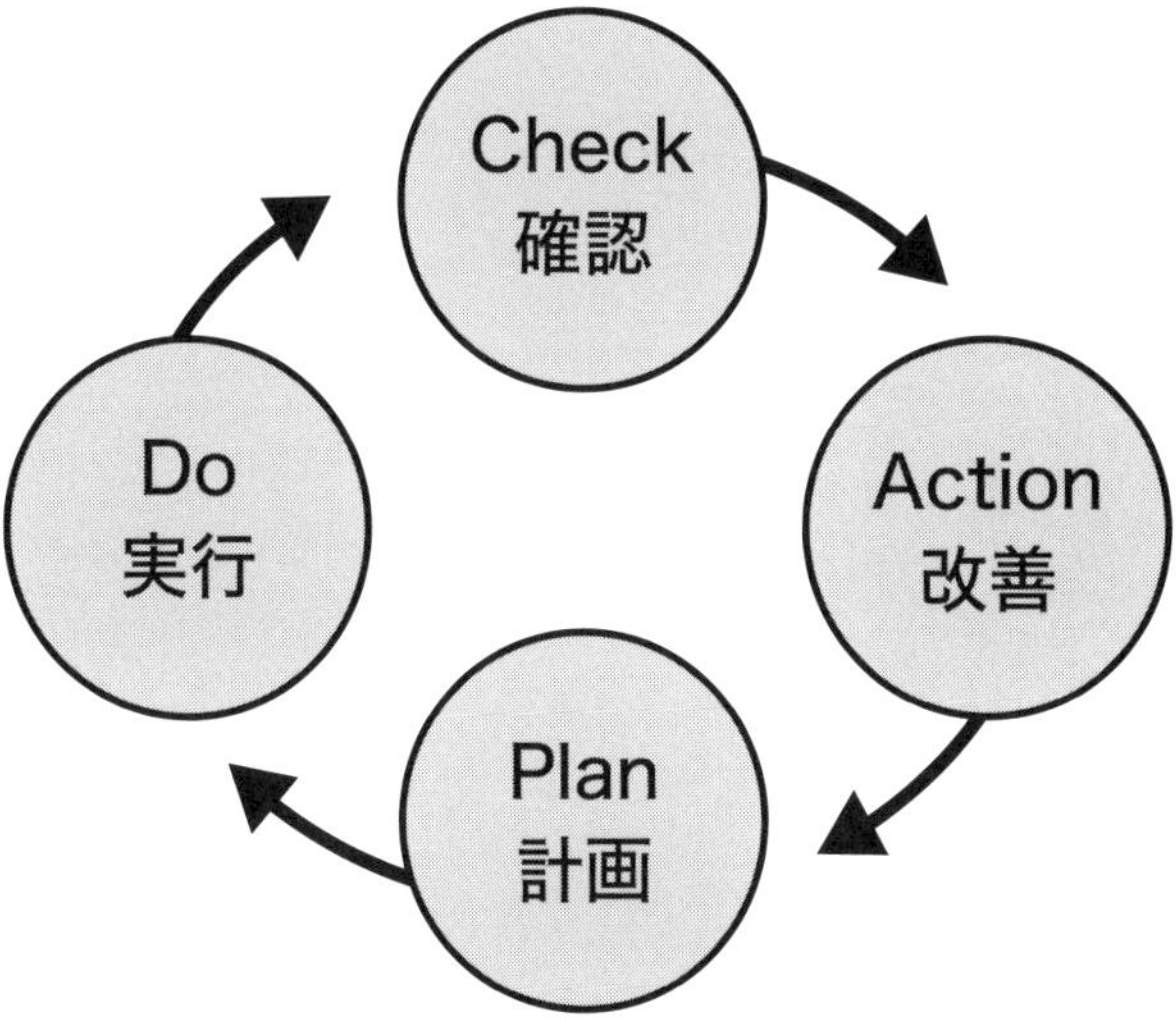

PDCA の順番を入れ替えて、最初に Check（確認）、
次に Action（改善）を持ってくる業務改善法。

CAPD サイクルの主な効果

①行動を優先するようになる。
②失敗を恐れない文化が醸成される。
③早い段階から課題を認識して改善
できるようになる。

②失敗を恐れずにチャレンジでき、③継続的な改善が促進されるため、次々に発生する課題を成長のチャンスに変えることができるようになります。

ＣＡＰＤサイクルの迅速化が大小を問わず経営課題を解決する

２つの事例から見るＣＡＰＤサイクルの効果

実際にＣＡＰＤサイクルを組織に取り入れると、なにがどのように変化するのでしょうか。ＰＤＣＡサイクルからＣＡＰＤサイクルに切り替えたことで、大きな成果があった企業をご紹介しましょう。

数十人程度の従業員を抱える食品製造業Ｂ社のお話しです。Ｂ社は６月が決算月で毎月の売上の黒字化を目指し、３月から経営改善を進めてきました。

その会社では、まず経営陣を中心に経営改善のチームをつくって、経営改善に向けた対策案（Plan）を考えました。具体的には、外部委託している業務を内製化することで外注コストを削減して売上向上を目指していこうというもので、それを全社員に発表し、経営改善を進めたのです。

ところが、全社としての計画案をつくるところまではうまくいきましたが、具体的になにをすればいいのか、その対策が実行されないままで終わってしまいました。

そこで、計画（Plan）をはじめに行うPDCAサイクルではなく、CAPDサイクルで組織を回すことに力を注いだのです。

まず、**具体的な議題を決めない状態で、食材の仕入れ担当や調理担当の社員を交えた経営改善ミーティングを、毎週水曜日の夕方に定期開催することにしました。**具体的な改善策を事前に計画（Plan）するのではなく、毎週の定期的な課題の確認（Check・Action）をした後に、具体的な改善計画（Plan）に落とし込むようにしたのです。

たとえば、仕入れ担当の社員からは、市場で最近安くなっている食材の情報を挙げてもらいました。その報告を受けて、その安くなっている食材を使った新しいメニューを調理担当社員が考えました。また、調理担当社員を中心に、それまで廃棄対象になっていた食材を活用して、スープや煮込み料理などの新メニューをミーティングで提案することにしました。既存のメニューもテイクアウトできるように開発することを会議で決めました。

経営改善ミーティングで出てきた、これらの現場からのアイデアをひとつひとつ実行。すると、素材を一新した新メニューはお客様にも好評で、毎月２００万円程度の経営改善を達成することができました。

そして、決算月である6月には見事、単月黒字を達成することができました。

さらに単月黒字を出した成果をもとに、３年後の中期計画を考えました。これによって、さらなる売上を見込めることができると考え、テイクアウト用に調理した食材を瞬間冷凍できる機械を新しく導入することを決めたのです。また、この中期計画をもとに、金融機関に対して融資の交渉を実施し、見事、数千万円の融資や補助金を獲得することができました。業界全体では5～10％の市場縮小が続いているなかで前年比15％増の売上成長を実現しています。

もうひとつ、事例を紹介しましょう。**ＣＡＰＤサイクルを回すことは、社員教育に**

も役に立ちます。

従業員が数十人程度の小さな販売代理店の事例です。

この会社では、以前から優秀な社員のスキルが属人的になってしまうことが課題になっていたため、社内で優秀な社員のスキルを共有し、社員を教育する制度を導入しようと計画していました。

経営者を中心に社内教育制度の導入に注力。営業部や制作部など組織の部署ごとにどのような社内研修をすればいいのかを考えて、キックオフの研修会を1回実施することにしたのです。しかし、第1回目の研修会を開催するまではうまくいったのですが、そこから日常業務に忙殺されて、2回目以降の研修が実施されることはありませんでした。

ここで取り入れたのが、CAPDサイクルです。

毎週2回程度、午前9時から10分程度、経営者や経営幹部が自分たちでうまくいったノウハウを共有する朝会を実施しました。事前にテーマを決めるわけではなく、その時々の課題や旬なトピックを共有することを目的に開催するため、会議を開催する負担も少なくて済むのが特徴です。従来の社内研修会のように開催自体が負担になることはなく、習慣化できました。

その結果、最も営業成績が高い経営幹部が朝会で話していた広告を獲得できるメール作成方法や売上を倍増できる広告制作の考え方を共有することに成功。その手法を入社3カ月目の新人従業員が取り入れて、売上を獲得することができたのです。

ひとつ目の事例は、経営改善への具体的な対策がなされないまま時間がたってしまいましたが、**ＣＡＰＤサイクルに変えたことで単月の黒字化に成功。数千万円の融資を獲得することができました。**もちろん、経営者や従業員の努力があって実現できたことですが、動力の源泉となったのは間違いなくＣＡＰＤサイクルでした。

ふたつ目は、現場レベルでＣＡＰＤサイクルが浸透した事例です。経営者や経営幹部が共有したことを従業員が実施して成果を出せば、従業員のモチベーションが上がって継続的に行動を改善しようという機運が高まります。**まるでゲームをクリアするかのように目標を達成することが面白くなり、組織文化に根付くスピードも早まる効果が望めます。**

このように、計画から入らずに、確認や実践から入ることで、ＣＡＰＤサイクルを回していくことができます。そして、このサイクルを回すことを迅速化することが、自律的に成長していく「組織の力」を生み出すというわけです。

まずは実行して得られた結果をもとに次の行動を選択する

前述の例を見てもわかる通り、CAPDサイクルでは事前に詳細な計画を立てることなく、実際の状況を把握してから改善に入るため、より迅速な問題解決が可能です。

私は経営に参画する企業で**「そんなの秒で決めて秒で実行しましょう（すぐ決めてすぐ実行しましょう）」**という表現をよく使います。

計画に1カ月も2カ月も時間をかけている暇はないのです。現状を確認してこれだと思ったことをスピーディーに実行。それがよければ継続し、違っていたら新たな改善策に移るのです。

このようなCAPDサイクルによるアプローチをお伝えすると、場当たり的な対応でいいのかと感じるかもしれません。

結論、それで「よい」と割り切ってください。

常に正しいアプローチを正しく実行できることが理想ではありますが、年商数億円規模の経営環境ではそれは難しいでしょう。人員や資金、設備といった経営資源が限られているからです。そのため、**まずは実行して、「違うと思ったらすぐにアプローチを変える」といった柔軟性を持つことが重要なのです**。

サッカーと野球をしたことがない人が、どちらのほうが自分にとって楽しいスポーツなのか考えてもわかりませんよね。サッカーをやってみたら思ったよりも楽しくないかもしれない。もしかしたら、怪我をすることになるかもしれない。しかし、そんなことをいつまでも考えていてはなにも変わりません。まずは実践してみて、そこから得られた経験をもとに次の行動を選択する。

経営も同じなのです。

まずはアクションをしてみるという考え方を身につけましょう。

なお、ＣＡＰＤサイクルを回して効果が得られるのは、営業業務だけに限りません。

商品の収益性が低いことに悩んでいるのであれば、目の前の商品力やサービス力を高めることにＣＡＰＤサイクルを回すというのもよいでしょう。また、職場の整理・整頓をできていなければ、整理・整頓のためにＣＡＰＤサイクルを活用することができます。

お伝えしたいのは、**企業の経営課題といった大きな問題だけではなく、目先の小さな課題にもＣＡＰＤサイクルは十分に機能するということ。**

業務や事業の大小にかかわらず、ＣＡＰＤサイクルは有効に活用できます。

「立ち上げ」「習慣化」「定着」の3ステップで会社を変革する

3ステップで「組織の力」を身につける

本書はＣＡＰＤサイクルを迅速化させて「組織の力」を身につけることを目的としています。これまでに述べた通り、それが「年商5億円の壁」を突破する力となるからです。

ＣＡＰＤサイクルは、現状の把握からスタートするので、どんな会社でも取り入れやすい業務改善の方法です。ただし、そうはいっても、今まで業務改善のプログラムを導入したことがないという会社も多いことでしょう。

「ＣＡＰＤサイクルを迅速化させて皆で頑張っていきましょう」と単純に号令をかけ

るだけで組織は変わるものではありません。**組織が変わっていくには、従業員の意識を変えて自発的な行動を促す「段階的な変革」が求められます。**

無理なくCAPDサイクルを迅速化させて「組織の力」を身につける手順が、次の3ステップです（図2―2参照）。なお、それぞれのステップは30日という期限を設けていますが、こちらの理由については次項でお話しします。

ステップ①「立ち上げ」の30日

【手段】経営者から全従業員へ全体会議の開催を行う
【目的】CAPDサイクルの導入を全社に意識づける

ステップ①では、組織のコミュニケーションを整えることが目的です。「組織の力」が身についていない会社は、例外なく社員同士のコミュニケーションが乏しいです。また、会社がどのような状況にあるのか、どのような方向を目指して経営しているのかを、従業員が把握できていないケースが少なくありません。全社員が参加する

図 2-2　会社を変革する３ステップのイメージ

ステップ①
「立ち上げ」
の 30 日

【手段】全従業員が参加する全体会議を開催する
【目的】CAPD サイクルの導入を全社に意識づける

↓

ステップ②
「習慣化」
の 30 日

【手段】経営幹部会議を開催する
【目的】経営幹部に CAPD サイクルを浸透させる

↓

ステップ③
「定着」
の 30 日

【手段】現場会議を開催する
【目的】現場の従業員に CAPD サイクルを浸透させる

**３つのステップではそれぞれに会議を設けて、
ＣＡＰＤサイクルを浸透させていく。
これによって、
「組織の力」を身につけられる。**

全体会議を設けることで、この状態を変えることができます。活発な社内コミュニケーションの土台を築くのです。

そのため、全体会議では、自社の強みと感じている点、課題と感じている点、今後の展望など、経営者の考えを全社員に共有します。よくある会議のように計画(Plan)から入るのではなく、経営者が現時点の情報をもとになにを思っているか確認(Check)したことを共有します。徐々にではありますが、これを継続していくことで現場に課題の早期認識を重視する文化が根付きます。

ステップ②「習慣化」の30日

【手段】経営幹部会議を開催する

【目的】経営幹部にCAPDサイクルを浸透させる

「組織の力」が身についていない企業、とくに従業員の少ない中小企業は経営者の号令で、従業員が手足のように動くトップダウン型の組織となっていることでしょう。

このような状態では経営者はすべての判断をひとりで下し、従業員に対してひたすら指示をしなければならず、「組織の力」はいつまでたっても身につきません。

ステップ②ではCAPDサイクルを通じて経営幹部を育成します。経営者の代わりに現場を指導していく幹部を育て、組織のなかに階層をつくることで「組織の力」の土台を強固にします。

経営幹部会議では、経営改善案の取りまとめ、予算損益計算書の策定、組織の階層化（組織図の作成／見直し）を行います。いずれも、第4章にて詳細に説明します。

ステップ③「定着」の30日

【手段】現場会議を開催する
【目的】現場層にCAPDサイクルを浸透させる

ステップ③は、現場会議でCAPDサイクルを回すことを通じて、現場レベルで課題の発見と改善提案を根付かせていきます。

現場会議の内容は、日々の細かな改善のアイデア出し、現場会議で決めたことを実行できたかの確認です。「組織の力」が身についていない企業は、現場会議で決めたことが実行されないどころか、放置されていても誰も気がつかない、もしくは気にかけないことが多いです。決めたことを一つひとつ実行していく力を身につけるために、定期的に振り返りを実施するのがこの現場会議なのです。そうすることで現場の従業員も達成感を覚えやすくなり、「組織の力」が育つようになっていきます。

3つの会議でCAPDサイクルを回す

お気づきになったかもしれませんが、それぞれのステップで会議を設けています。

3つの会議を通してCAPDサイクルを回すことによって「組織の力」を身につけるというのが、この3つのステップのポイントです。

「ビジネスモデルを抜本的に変えよう」「費用のかかる設備投資やIT投資をしよう」などと大きなことを言っているわけではありません。どのような規模の中小企業であっても、会議を開催することは難しくないはずです。ステップ①「立ち上げ」の

30日、ステップ②「習慣化」の30日、ステップ③「定着」の30日の３段階を実行していけば、間違いなく「組織の力」を身につけた会社へと成長していきます。

90日で会社を変えるために意識すべき3つのこと

90日で3つのステップを行う2つの理由

前項では会社を変革し、「組織の力」を身につける「立ち上げ」「習慣化」「定着」の3つのステップの概要を説明しました。

この3つのステップは、90日で完成させるのがポイントです。

最初の30日で変革の「立ち上げ」を、次の30日で変革の「習慣化」を、最後の30日で変革の「定着」を進め、90日程度で組織を変えるのです。

なぜ90日で3つのステップを行うのでしょうか。

それには２つの理由があります。

ひとつは短期間で一気に組織を変えたほうが、効果が出やすいためです。

一朝一夕で組織を変えることはできませんが、長い時間をかけすぎても従業員の意識が劇的に変わることはありません。

それぞれのステップにおける会議は1週間～1カ月に1回程度の頻度で開催するため、30日×３ステップ＝90日というスパンが組織が変わったと実感するのに最適なのです。

もうひとつは、CAPDサイクルと3つの会議の導入はそれほど難しくはないからです。ビジネスパーソンであれば、ＣＡＰＤのもとのスタイルであるＰＤＣＡを一度は意識して取り組んだことがあるでしょうし、これまでの社会人経験のなかで会議に参加したことがないという人はほとんどいないでしょう。そのため、特別なスキルが必要なわけではなく、３つのステップでもたらされる負荷もそれほど大きくありません。90日という時間があれば、十分に3つのステップをこなせるのです。

フォーマルなコミュニケーションを心がける

ここからは、90日で3つのステップの効果を最大化させるための3つのポイントについて述べていきます。

まず**ひとつ目は、フォーマルなコミュニケーションへの取り組みです。**

組織文化の土台となる社内のコミュニケーションは次の2つに分けられます。

①フォーマルなコミュニケーション
②インフォーマルなコミュニケーション

前者は会議や指示書・議事録など記録に残るやり取りが該当します。後者は口頭の指示など記録に残らないやり取りが該当します。

「年商5億円の壁」で停滞している企業（＝「組織の力」が身についていない）では、経営者と従業員のコミュニケーションがインフォーマルに行われることが少なくありません。

それまで「組織の力」を必要とせずに売上を保つことができてしまっていたので、経営者が従業員に直接指示をして日々の業務や改善を推進していることが多いからです。そのため、会議や議事録・指示書の作成などを行う習慣がありません。

たとえば、インフォーマルなコミュニケーションでよくあるのが「煙草を吸いながら、従業員に指示をする」や「社長がふとしたときに質問をしてきて、従業員がそれを受けて回答する」といった、突発的なやり取りです。

このようなコミュニケーションでは、たまたま居合わせた特定の従業員にしか情報が伝わりません。仮に営業部に従業員５人がいるとして、たまたま居合わせた従業員１人に経営者が指示をしたとしても、残りの４人に経営者の指示が正しく伝わる可能性は極めて低いでしょう。

その結果、「社長に○○するようにと言われたけど、よくわからなかった」といった情報のやり取りが社内で常態化するばかりではなく、なにも実行されないということとが起き、最終的には実行に対する責任の所在が不明確となる最も避けるべき事態が発生することがあります。

一方で、**「組織の力」を発揮できている会社はフォーマルなコミュニケーションを積極的に心がけています。**

現場の課題や改善は、会社レベルで公式に議題に挙げて討議を行う。そのうえで、正式に行動を決定し、行動が実行されたかどうかを振り返る。「経営者対従業員」ではなく、「会社全体」で一つひとつの意思決定と実行を進めていくことで、一つひとつのアクションに対する責任を担保する組織をつくっているのです。

組織力を生み出すためには、すべての従業員が同じ方向を向いて、それぞれの担当の役割のなかで最大限の力を発揮しなければなりません。**3つのステップのなかに設けたそれぞれの会議では、フォーマルなコミュニケーションを意識して取り組んでいきましょう。**

社内コミュニケーションを階層化する

2つ目のポイントは社内コミュニケーションの階層化です。

前述したように、「組織の力」が身についていない企業の場合、基本的には経営者から指揮命令が下ることがほとんどです。コンサルティングの経験上、経営幹部とされる各部門の部長ポストがあったとしても、ほとんど機能していないのが実態です。

たとえば、会社に経営者と部長と現場のスタッフがいるとしましょう。このとき、経営者は部長への連絡を飛び越えて、現場スタッフに直接指示することがあります。

会社を組織化しないのであれば、問題はないでしょう。ただ、これではいつまでたっても経営者が現場に直接指示しなければならない状態が続きます。「組織の力」を活用することはできなくなり、年商5億円未満で停滞する企業から変わることはできません。

組織を改善したり、課題に対して対策を打ったりするときは、経営者から現場の従業員に個別に伝えるのはNGです。経営者から中間管理職である営業部長に伝達して、

図 2-3　3つのステップの効果を最大化させるポイント

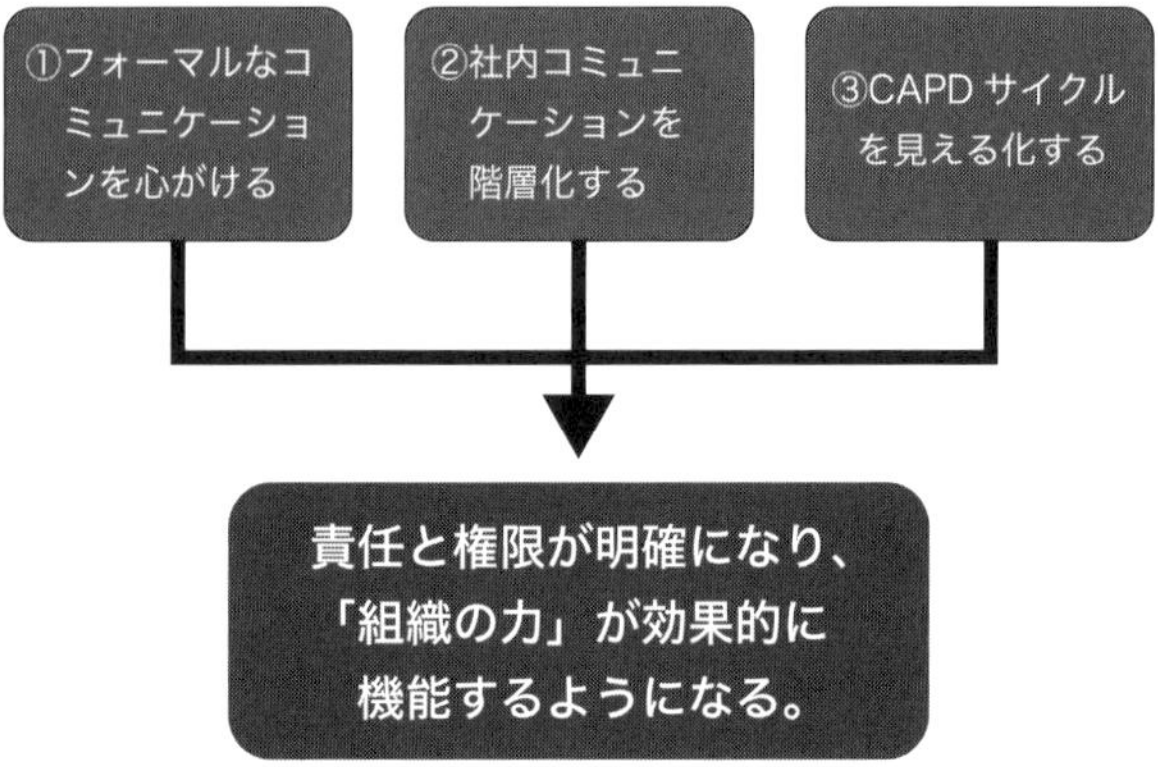
①フォーマルなコミュニケーションを心がける
②社内コミュニケーションを階層化する
③CAPD サイクルを見える化する
責任と権限が明確になり、「組織の力」が効果的に機能するようになる。

営業部の現場会議で議題に挙げる。そのうえで、現場に具体的になぜ売上が上がらないのか課題を共有して対策を決めていくのです。

3つのステップでは、経営者、経営幹部、現場の従業員という組織の階層をつくって社内コミュニケーションを取ることが重要というわけです。

CAPDサイクルを「見える化」する

3つ目はCAPDサイクルの「見える化」です。

「見える化」とは文字通り、データや数字

などを記録して残すことで課題を可視化できるようにする取り組みのことです。

ＣＡＰＤサイクルの「見える化」によって得られるメリットは、業務の振り返り＆改善が容易になることです。

ＣＡＰＤサイクルは現状を確認（Check）して、対策を取る一連の改善プロセスです。従業員が課題を改善したと思っていても、実際に改善されていなければ組織の成長はあり得ません。**各部門や部署に議事録やＩＴツールを取り入れることでＣＡＰＤサイクルを「見える化」しておけば、勘違いや誤解などのミスが減ります。**ＣＡＰＤサイクルをスムーズに運用できるようになります。

ここまで、90日で３つのステップの効果を最大化させるポイントを述べてきました。次章では、いよいよステップ①「立ち上げ」の30日で実行するべき内容を解説していきます。

第3章

～ステップ①「立ち上げ」の30日で取り組むこと～

全体会議で「組織の力」の土台をつくり上げる

全体会議では経営状況を従業員に共有する

「立ち上げ」の30日で行う全体会議とは？

全体会議は、「組織の力」の最も土台となる部分をつくり上げていきます。

これまでにも述べた通り、「組織の力」が身についていない会社は、会社が目指している経営の方向性を従業員が把握できていない傾向にあります。中小企業における経営不振や課題の原因は、経営者と現場の考えが乖離《かいり》していることがほとんどです。経営者からすると現場がなぜ動かないのかわからない、逆に現場からすると会社がなにを考えているのかわからないという状態になっているのです。

「立ち上げ」の30日では従業員の意識をまずは変えるために、全社員が参加する場＝

全体会議で経営者の考えを従業員に伝えることで組織の変革に着手していきます。

開催にあたっては有意義なものにしていくために、経営者の考えを明確にすることや社内コミュニケーションの刷新が必要となります。

本章では、それぞれの取り組み方についてお話ししていきます。

経営者と現場の考えを一致させる

全体会議というと地味な取り組みに感じる人もいらっしゃるかもしれませんが、全体会議を通して組織の変革を進めることはとても重要です。

なぜなら、「年商5億円の壁」を突破していく過程では、経営者一人の力（「個人の力」）ではなく、「組織の力」を活用して会社を運営することが欠かせないからです。

「組織の力」を活用するということは、個人（経営者）に偏っているパフォーマンスを解消する作業に他なりません。個人への依存から脱却して、従業員それぞれの成果を高めていく。そのためには、経営者の考えを従業員に共有する全体会議の開催がとても効果的なのです。

全体会議の2つの目的とは？

「立ち上げ」の30日で行う全体会議の大きな目的は次の2つです。

①従業員に経営状況を共有する

経営はクルマの運転によくたとえられます。

目的もなくただクルマを走らせている状態と、明確な目的地に向かって走っている状態を頭のなかでイメージしてみてください。

両者では、運転のモチベーションや意識が全く違うことは理解できることでしょう。明確な目的地があったほうが、どうすれば最短距離で向かうことができるか、どのくらいのスピードで走れば目的地に着くのかといったことを考えることができます。

経営も同じです。

・会社として今、どこに向かっているのか。

・現状、どのような経営課題があるのか。

こういった経営状況を全社で共有することで、従業員の意識は大きく変化します。５年後、10年後、自分の会社はどこに向かいどうなっているのか。そこから転じて、自分の生活やキャリアはどうなっているのか。**経営という長い道のりのなかで全体像と現在地を理解することで、従業員のモチベーションが高まるのです。**

実際に、ある会社では全体会議を取り入れたところ、次のような従業員の声が上がりました。

「毎月の全体会議で会社の方向性が見えるので、日々目の前のタスクをこなすなかで見失いがちな広い視野を取り戻すことができる」「全体会議でＡさん（経営者の名前）の考えを全社員に伝えてもらえることで、全社員が会社の進むべき方向性を確認できる。全体会議は今後も継続・実施してもらいたい」

このように、従業員に会社の方向性を理解してもらうことができます。

②アカウンタビリティによる改善圧力をつくる

アカウンタビリティとは、経営者が株主や投資家、従業員、取引先などの利害関係者（ステークホルダー）に経営状況を説明する「説明責任」のことです。とくに会計面では、経営者が株主や金融機関などの利害関係者に対して経営状況を報告することを意味します。上場企業や外部からの出資を受けている企業などは、経営計画と経営実績を開示しなければなりません。

アカウンタビリティによって経営計画と経営実績を開示することの目的は、利害関係者に経営状況を見えるようにすることですが、実は、**外部へ示さなくてはならないといったこのような環境は経営者への経営改善圧力となり、経営を改善するきっかけとなります**。

たとえば、今期の売上目標を300億円、当期純利益を30億円として計画していると、市場（外部）に表明していたとします。上場企業で計画を達成できなかった場合、即座に株価が下落したり、また経営者の交代が求められたりします。つまり、外部に示さなくてはならない計画と実績は経営状況の見える化という側面だけではなく、経営者自身に計画を達成しなければならないというプレッシャーを与える役割にもなる

図 3-1　アカウンタビリティの効果

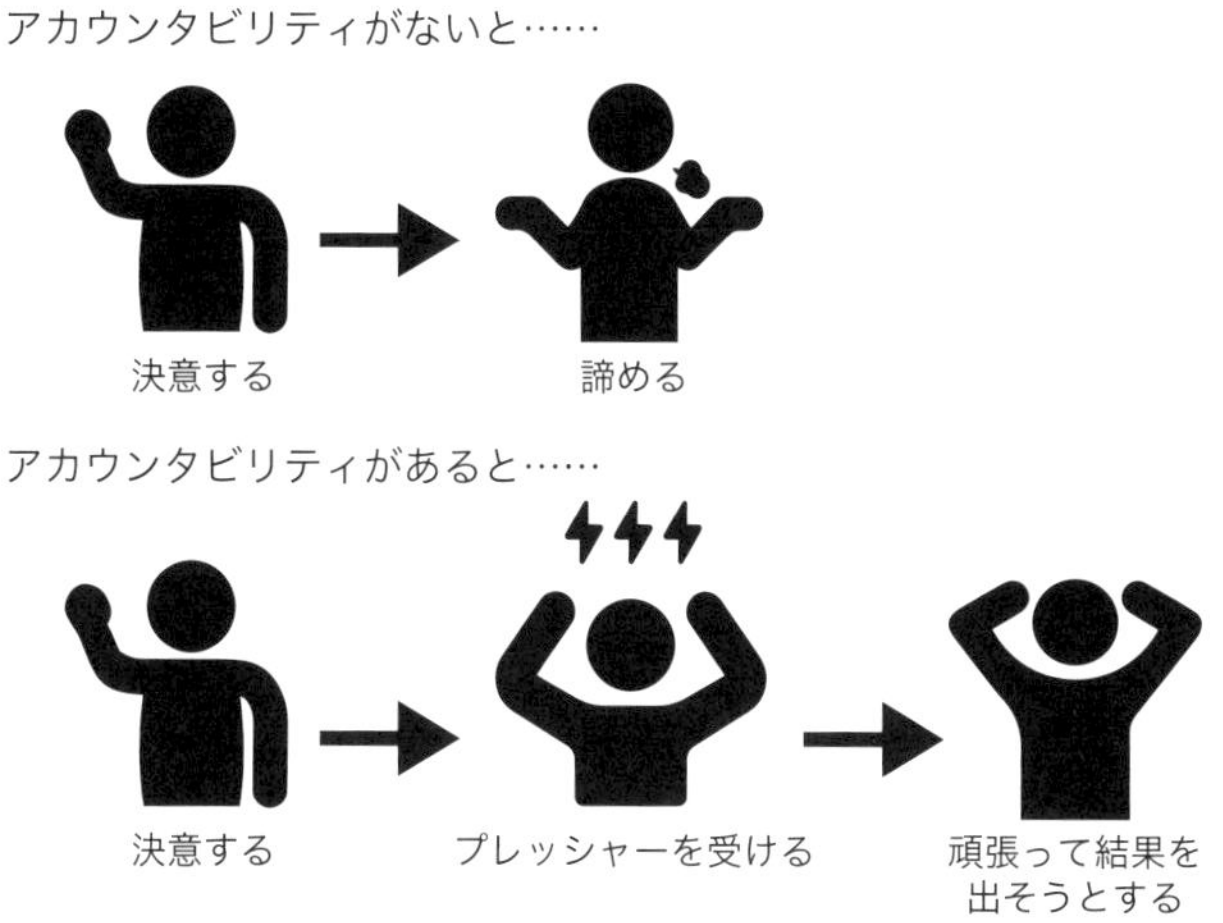

アカウンタビリティ＝説明責任によって発生する外部からの圧力は、計画を達成するための原動力となる。

というわけです。

　しかし、年商数億円規模の会社では必ずしも経営計画と経営実績を開示する義務が発生しません。経営者が会社の筆頭出資者であることが多く、出資者に対する説明責任を果たす必要がないためです。

　そこで**全体会議では、アカウンタビリティによる経営改善圧力を自らつくり出します**。すなわち、経営者自身が「年商5億円の壁」を越えて、今年は成長するぞと意気込むだけではなく、年商5億円を超えるための計画を発表して、定期的に計画の進捗を報告することで、強制的に計画達成に向けた外圧をつくるのです。外部（とくに社内）から評価されるという圧力があることで、経営者の責任が高まり計画達成に向けた義務が発生します。

これが「年商5億円の壁」を越えるためのポイントのひとつとなります。

なお、「年商5億円の壁」を突破できない会社の本質的な課題のひとつに、「そもそも年商5億円を突破する必然性がない」ということが挙げられます。

ある程度、会社の基盤が整い、20〜30人程度の従業員を雇用して、それなりの役員報酬（1000万〜1500万円程度）を経営陣が貰っている場合、これ以上会社を大きくする必要があるのだろうかと感じる状態に陥っている中小企業が少なくないのです。しかし、年商や会社規模が大きくなるほど会社の社会的信用度が上がるといった面があるため、年商は5億円以上を目指すべきといえます。こういったケースでも、アカウンタビリティによる経営改善圧力は組織が成長するのに有効です。

経営不振や経営課題の原因はほとんど経営者にある

アカウンタビリティについて、もう少しお話しを掘り下げていきます。

上場企業であれば経営状況の報告義務があることから、経営責任が明確です。一方、**中小企業では経営状況を開示する義務がないので、経営責任が不明確となっている場合が多くあります**。計画に対して売上が未達だったとしても、その責任を経営者がどのように取るのかという考えは生まれづらいです。

人や会社が変わる瞬間というのは往々にして「危機感」を抱いたときです。俗っぽい言い方をすれば、「このままではヤバいな」という気持ちが人も会社も大きく変革させるのです。

そういった意味で、会社の最終責任者であるべき経営者が重い責任としっかりと向き合っていることが重要です。現場には結果を求めるにもかかわらず、経営者自身は結果への責任が見られない。そんな組織では、一人ひとりの従業員がやる気を持って業務を進める気持ちにはなりません。

従業員に自律的な行動を求めるのであれば、まずは経営者自身がしっかりと結果にこだわって行動することが求められるというわけです。

たとえば、年商5億円を超えて成長していくことを目標に決めたとしましょう。その場合、まずは年商5億円を超えたいといった意思を従業員に表明し、毎月、売上の進捗を共有して達成度を示す姿勢が求められます。

計画を進めていくなかでは、計画未達になることもあるでしょう。このとき、「年商5億円の壁」を超えられない企業では、計画が未達である状態をわざわざ社員に開示したりすることはほとんどありません。未達であることを伝えることはあっても、詳細まで伝えることなく、経営者の頭のなかに情報を留めるだけのことが多いのです。

しかし、計画が未達であることは社内にも報告するべきなのです。普段は従業員に「目標を達成しよう」と言っているのに、経営者自身が立てた計画が未達であるというのは従業員からすれば矛盾しているように感じるはずです。

そこで、未達であることを共有しつつも、早急に改善策や打開策も併せて発表することで計画の達成と向き合っていることを従業員に示すことが必要です。

このように、経営者自身が先頭に立ってプレッシャーを背負い、プレッシャーと戦っている姿を見せる。経営者自らが計画に実直に取り組むことで、組織の意識も変わってきます。

従業員に経営状態を報告することができるのか。これは「組織の力」を身につけるための分かれ道です。

全体会議は、従業員に対し経営状況を開示することで経営方針の理解を得るという目的に加えて、会社の代表である経営者が経営責任を自覚することに大きな意味があります。「会社は経営者の器以上に大きくならない」と言われるように、経営者のあり方、意識が肝心です。経営者の器を大きくするために、経営者自身の意識改革を行うのです。

全体会議では経営者はＣＡＰＤに沿った内容を話す

経営者と現場の価値観を合わせる

全体会議で大切なことは経営者のメッセージを伝えることですが、それ以外にもいくつかポイントがあります。ここからは全体会議を効果的に開催するための準備についてお話ししていきます。

準備段階で決めるのは次の４つです。

①発表内容
②社内コミュニケーションの刷新

③開催日時・時間

④参加者

繰り返しになりますが、全体会議の目的は、経営状況の共有です。そのため、①が最も重要です。経営者から従業員に向けて、自社の事業の状況についての説明、メッセージが骨子となります。次の５つについて話せるとよいでしょう。

・経営者のメッセージ

経営者の考えを現場の従業員に理解をしてもらうために経営方針などを伝えます。

・事業別の予算と実績の進捗（予実進捗）

事業別の売上の予算と実績、今後の取り組みの計画を話します。

・従業員からの意見と回答

従業員から意見を事前に集めて、それに対する経営者の回答を従業員に共有します。

・お客様からの声の共有

お客様からいただいたお褒めの言葉や、お叱りの言葉を共有します。

・入退社情報・会社イベントなど

新入社員や退職社員の共有、忘年会＆懇親会、健康診断の日程などを共有します。

まず経営者のメッセージは、全体会議の冒頭に行います。経営者の考えを現場の従業員に理解してもらうために、主に次の5つのポイントで話をします（図3―2、図3―3参照）。

最初は、①よい出来事から話し始めるのがポイントです。いきなり従業員にとって難しい話や厳しい内容から入るよりも、従業員同士の感謝の話など小さな出来事でも構わないので従業員にとって明るい話題から入ったほうが聞き手に安心感を与えます。

また、②業界のトレンドや社内外の気になるニュースがあれば、従業員の知識や意識

図 3-2　経営者のメッセージの内容（前半）

①グッドニュース

- Ａさんがいつもチームのメンバーに「ありがとう」と言っている。Ｘチームはお互いがお互いにお礼を言い合う文化ができている。
- Ｙグループの考えたアイデアで発送業者を納期と品物によって変更したことで、１件あたり50円（月換算で100万円）の利益が出た。

②業界のトレンド、社内外の気になるニュース

- 業界大手のＺ社が赤字決算になった。
- 資材高騰で段ボール価格や物流コストの15％程度値上げの連絡が届いた。

に差が生まれないように全員に共有します。

③自社の経営課題＆④今後の方針（案）では、一般的には具体的なアクションプランを考えて、どのような対策を打つかを決めて周知をします。いわゆるＰＤＣＡサイクルの流れで発表することが多いでしょう。

しかし、本書では具体的なアクションプランを決める過程をも従業員に積極的に共有することを推奨しています。

今後の方針ではなく、「今後の方針（案）」となっている通り、発表するのはあくまで（案）で構いません。実行するかはわからない「（案）」の状態で従業員に共有して、具体的なアイデアが固まったら実行に移す。**まさにＣ（現状の課題を共有し**

図 3-3　経営者のメッセージの内容（後半）

③自社の経営課題

- 値上げが進んでいない（見積りの連絡がきてからすぐ納品しなくていけなく、顧客に値上げの説明をする時間がない）。
- 昔からのやり方が当たり前となっていて、業務の見直しや改善などの話題が出ない。

④今後の方針（案）

- これまで取引のあった会社には価格改定のご案内を送付する。
- 月１回は現場での改善の会議を行う。

⑤その他シェア事項

- Ｃ組合（業界の集まり）でWEBマーケティングの講師が講演をしていた。同業のＤ会社はWEBからの新規の問い合せが月20件来ているとのこと。自社でも活用の可能性を検討。
- 知人からなんとなく店頭で手にとった商品にうちの会社の名前があったと報告をもらった。街角に自社サービスがあるというのはとても誇らしい。このような動きを推進していきたい。

て）Ａ（従業員に共有して反応を見て）Ｐ（反応をもとに計画をして）Ｄ（実行に移す）の順番というわけです。このようにして組織にＣＡＰＤサイクルを根付かせていきます。

最後の⑤「その他シェア事項」は経営者の気づきや学びをシェアします。

経営者と従業員の価値観の統一が目的です

ので、数字やデータを用いた定量的なことではなく、特定の部門やサービスに言及するなどの定性的な内容で行います。

経営者の気づきを従業員にも共有することで「社長も言っていたけど、うちもWEBマーケティングに少し力を入れるべきではないか？」「社長の言っていた通り、街に自分の会社の商品があることは誇らしい。積極的に店舗にアプローチしていこう」など経営者と現場の価値観が統一されていくのです。

事業別の予実進捗を共有して経営の現在地を理解してもらう

経営者のメッセージの次に行う事業別の予実進捗（予算と実績の進捗）では、主に事業別の売上の予算と実績、今後の取り組みの計画を共有します。目的は従業員に経営の状況を理解してもらうこと、他事業部の取り組みを共有することで他事業への理解を促進することです。

「このままでは予算を達成できないからアプローチを変えなければ」「なるほど。ギフト需要を取り込むのが会社の方針か。では、知り合いにも勧めてみようかな」など、目標達成に向けて全社的な協力を期待できます。

図３－４を見てください。これはサービス業を想定した予算と実績の表です。事業は店舗事業と物販事業の２つに分けて単月、累計、来月別に作成しました。

表をもとにすれば、次のように従業員に話すことができます。

- **店舗事業はほぼ計画通り。堅調な実績。**
- **物販事業は、一律10パーセントの値上げによって商品単価が増加。販売点数は先月比で5パーセント程度の減少にとどまっており、値上げによる悪影響は想定より少なかった。**

このように数字から読み取れる客観的な事実をもとに、分析を加えてお話しするとよいでしょう。さらに、単月と累計のデータを使って、来月以降の次のような取り組みも考えて従業員に伝えます。

図3-4　事業別の予実進捗で使用する表（一例）

●単月

	計画	実績	計画比
店舗事業売上	150,000	150,000	0
物販事業売上	50,000	45,000	▲5,000
売上合計	200,000	195,000	▲5,000

●累計

	計画	実績	計画比
店舗事業売上	900,000	920,000	20,000
物販事業売上	300,000	295,000	▲5,000
売上合計	1,200,000	1,215,000	▲15,000

●来月

	計画
店舗事業売上	170,000
物販事業売上	40,000
売上合計	210,000

予算と実績の数字を客観的な事実に加えて、経営者の分析も一緒に従業員に解説できればベストだ。

・夏の新商品を発売する。SNSでプレ告知を行って、いいね！　を3000程度獲得。SNSから店舗への誘因を行うためにSNSと連動したキャンペーンを行う。
・物販事業は夏のギフト需要の取り込みを行う。自家消費だけではなくギフト商材を増やしてメールマガジンやSNSなどで告知を行う。

事業別のトピックスと来月以降の展望は、従業員が経営を理解するための大きな情報となります。

予実進捗は、売上だけではなく売上から仕入や製造原価（製造原価から人件費を除いた簡易変動製造原価を用いる場合も多い）を控除した粗利までを共有する企業も多いです。ただし、営業利益以下をどこまで公開するかは、会社によって判断が分かれます。始めのうちは、売上と粗利までの公開で問題ないでしょう。

従業員とクライアントの声を共有し、組織としての成熟度を高める

従業員のエンゲージメントを向上させる

続いて、「従業員からの意見と回答」「お客様からの声の共有」「入退社情報・会社イベントなど」について、発表するポイントを解説していきましょう。

「従業員からの意見と回答」では、１０１ページで述べる方法で事前に従業員から意見を集めて、それに対する経営者の回答を従業員全員に口頭で共有します（図３―５参照）。**従業員からの疑問や不満を早い段階で解消することや経営者の価値観や考えを伝えることが目的です。**

「従業員からの意見について回答する」とお伝えすると、従業員の意見をすべて採用

するのかと思われるかもしれませんが、そうではありません。

従業員の意見をもとにした内容を経営に反映させれば（＝意見を採用する）、「自分の意見が反映された」と従業員はモチベーションが上がることでしょう。

一方、**採用しなかった場合は、なぜ採用しないのかといった理由を説明します。**

たとえば、設備投資をしてほしいといったような意見としてもっともな内容だったとしても、「今のタイミングでは導入することはできない。3年後に会社の純利益が計画を達成したら検討します」「この意見は、逆に管理コストの増加を招くデメリットのほうが大きいという理由で賛成できない」「自分の価値観とは異なるので採用できない」といった会社の方針を伝えることで、従業員の理解を得るのです。

とくに「年商5億円の壁」を越えて成長していくにあたり、従業員の数も徐々に増えて、古くからいる従業員もいれば最近入社したばかりの従業員もいるといった状態のはずです。**従業員一人ひとりに自社に対しての理解度に差が生まれることのないようにすることで、会社についての無用な不信をなくしていきます。**

従業員が増えてくると「委託先のA社と経営者は懇意にしているから、A社への発注を増やしたほうがいいらしい」「山田さんはお子さんが小さくて学費を稼ぎたいか

図 3-5　従業員からの意見と回答　事例

意見：「社内ＦＡ制度の導入をしてほしいです。今後、新事業を加速して進めていくというお話を先日聞いたので、自らの経歴や能力を生かしたりするために、手を挙げられる制度があると嬉しいです」

回答：「ご指摘の通りですね。仕組みを考えますが、たとえば、定期面談のときに『こういう仕事がしてみたい』というのがあれば積極的に教えてください」

らいつも残って残業しているらしい」といった根拠のないうわさ話や小さな不満なども発生しがちです。

うわさ話や小さな不満は、だんだん尾ヒレがついて大きなうわさ話になったり、小さな不満が積もり積もって大きな不満になったりするため、ともすれば従業員の退職やモチベーション低下につながりかねません。

経営者が従業員からの意見に対応していくことで、無駄なうわさ話や小さな不満が独り歩きすることの防止につながります。

お客様の声を共有して組織に経験を蓄積する

「お客様からの声の共有」では、主にお客様からいただいたお褒めの言葉や、お叱りの言葉を社員に共有します（図3−6参照）。**従業員のモチベーションを高めたり、他の人が同じようなミスをしたりしないように組織に経験を蓄積することが目的です。**

社外からどのように見られているかを従業員が知ることで、顧客への意識が高まるという効果も期待できます。

また、全体会議の最後では今後の入退社の予定や会社のイベント（忘年会や懇親会、健康診断など）の情報を共有しましょう。業務の引き継ぎや入社時のレクチャーを円滑に行う、事前に予定を立てやすくするといった目的があります。「来月新しい人が入ってくるから、入社初日の業務を減らしてレクチャーができるようにしておこう」「健康診断をまだ受けていないから、来月の20日に受けられるようにその前後で仕事を調整しておこう」など、各種イベントを円滑に行えるようになるといったことが期待できます。

図 3-6　お客様からの声の共有　事例

【ポジティブな共有】

お客様から「これまでで一番丁寧な書類だった」とお褒めの言葉をいただきました。大変嬉しい限りです。担当のＡさん、お疲れさまでした。こういったお客様からのお声が何より励みになりますね。そして、私たちまで丁寧に繋いでくださった皆さまもありがとうございました！！

【ネガティブな共有】

お客様から次の声をいただきました。

- 規約には記載があるが、細かい説明は受けていない。また、不確実な要素があるのであれば、その旨を事前に説明すべきではないか？
- 移動中に電話であれこれ説明されても、いくつも事業を抱えているなかで理解しきれないことが多い。丁寧さを欠いているのではないか？

【従業員の皆さんへ今後のお願い】

報酬額を「高い」と感じるか「安い」と感じるかはお客様によって異なりますが、サービスに満足いただけたお客様は別のお客様をご紹介くださります。ぜひ「紹介したい」と感じさせるサービス＆品質の提供をできるようお願いいたします！

また、○○チームの方、謝罪含め、対応ありがとうございました。任せてよかったと言ってもらえるよう、引き続き丁寧なサポートをよろしくお願いいたします。

図3-7　全体会議の内容と時間配分の目安

	30分バージョン	60分バージョン
経営者のメッセージ	10分	20分
事業別の予算と実績の進捗	4分	10分
社員からの意見と回答	7分	10分
お客様からの声の共有	7分	10分
入退社情報・会社イベントなど	2分	5分
質疑応答	なし（後日）	5分

一番時間をかけるのは経営者のメッセージ。全体の３分の１は経営者から従業員に向けて話しをする。

なお、**全体会議の開催時間は全体で30〜60分で実施するのが理想です**。それぞれの時間配分と合わせて、図３―７にまとめましたので参考にしてください。

もし上記で話しづらいという場合は順番を変えていただいても構いません。ただ、その場合でも経営状況を従業員に伝えるということは強く意識しましょう。

Googleフォームなどの ＩＴツールで従業員の意見を集める

社員の声をヒアリングする仕組みを構築する

全体会議の発表のなかに、「従業員からの意見と回答」という項目がありました。先ほどお伝えしたように従業員の意見は、全体会議を開催する前にアンケートを取っておく必要があります。そのために必要となる②社内コミュニケーションの刷新について、ここではお話ししていきましょう。

②社内コミュニケーションの刷新では、「会社になにか意見があれば、教えてください」と従業員に伝達して、社員の意見を吸い上げる仕組みをつくります。

社員の声をヒアリングする際には次のＩＴツールを活用するといいでしょう。

・Googleフォーム

Googleフォームは Googleが提供する無料のアンケート作成・管理ツールです。**テンプレートが17種類あり、簡単にアンケートを作成することができます**（図3―8参照）。複数の質問形式から選択したり、ドラッグ＆ドロップで質問を並べ替えたり、リストを貼り付けるように簡単にカスタマイズしたりできるのも特徴です。

Googleフォームに寄せられた回答は自動集計できるため、とても便利です。

アンケートは回答しやすいように無記名にするのが原則

GoogleフォームなどのＩＴツールを使って従業員にアンケートを取る際、今まで意見を言ったり、改善案を出したりする習慣のなかった会社では、アンケートを開始しても、従業員は様子を見ていることが多いです。ほとんど回答が得られないということも少なくないでしょう。

そのため、アンケートを通して意見を伝えやすいように、一定の時間を設けること

図 3-8　Google フォームを使ったアンケート

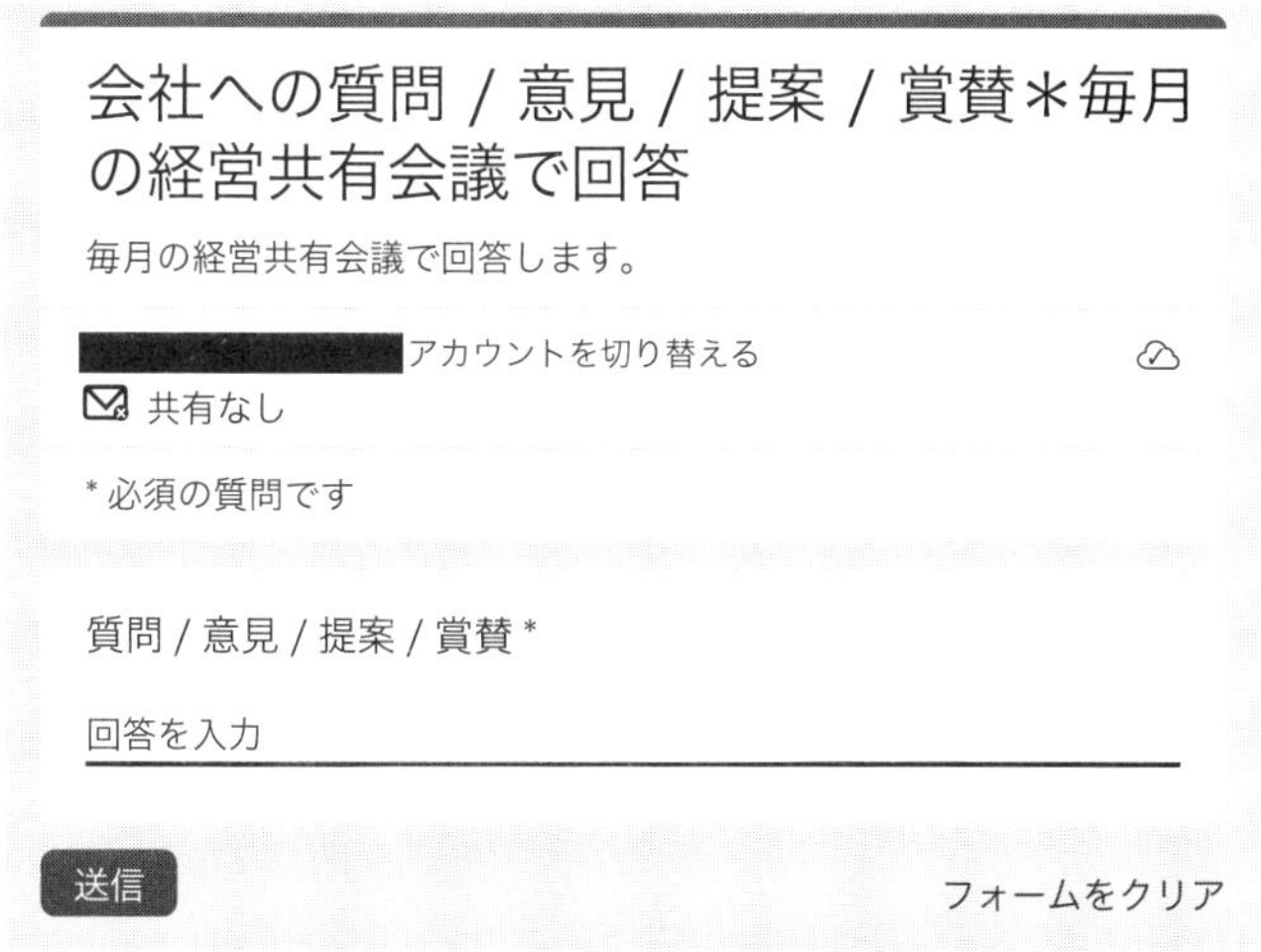

Google フォームに寄せられた回答は自動集計できるため、忙しい経営陣にとって便利なツールだ。

が大切です。できれば全体会議を開催する1週間前にアンケートを取りましょう。このとき1つでも意見があれば、全体会議で発表します。得られた意見を発表することで、従業員は自分たちの意見や疑問について会社はきちんと答えてくれるのだと認識してくれます。従業員の意識に変化が見られ、アンケートにたくさんの意見が集まってくるようになるでしょう。

　また、アンケートを取るときの問題のひとつが、社員の意見を記名にするか無記名にするかです。記名にすると、従業員は自分の評価に影響したりするのではないかと不安になる傾向にあります。**社員からの意見は挙がりにくいので、無記名にするといいでしょう。**

なお、無記名のデメリットは暴言に近い内容が記載される恐れがあることです。客観的に見て、経営者への個人攻撃と思えるような意見には対応する必要はありません。または、表現を柔らかくしたうえで共有するという方法もあります。

基本的に従業員が全体会議に慣れるほど従業員からさまざまな声が寄せられるようになるでしょう。

余談ですが、アンケートを実施することは、別のメリットをもたらします。**それは労働管理の対策になるということです。**

就業規則上、会社への意見や困ったことが起きたときの窓口を人事部や総務部に設ける必要があります。トラブルが起きたとき、会社がどのような窓口を設定していて、どのような連絡手段を確保しているのかということが、労務管理上、問題になることは少なくありません。

しかし、意見を述べる仕組みが社内にあると、労務管理上も、トラブルが起きたときの窓口としての機能を果たします。

このように労務管理上も意見フォームの設置は大きなメリットがあるのです。

全体会議を定期開催することで組織文化をつくる

毎月会議を開催してCAPDの考え方を定着させる

全体会議は毎月開催するようにしましょう。

毎月開催するべき理由は、CAPDサイクルの考え方を組織文化として定着させていくためです。

ある集団の文化というのは一朝一夕でつくられるものではありません。

たとえば、食生活やコミュニケーション、思考の持ちようなど日本は諸外国とは異なる特有の文化があるというのは読者の皆さんもご存じでしょう。こういった文化は何百・何千年という歴史の積み重ねの賜物です。少し大げさに聞こえるかもしれませんが、企業の組織文化も習慣の蓄積のうえに成り立つものです。

毎月、事業の進捗状況を発表する会議を行うために、毎月決まった日に月次試算表をつくり、毎月決まった日に各事業の進捗を把握する。

そして、会議を行う。

決めたルーティンをやり切る習慣をつくることが組織文化になるというわけです。

事業開発や品質管理といったことだけではなく、組織文化をつくり上げることこそが「組織の力」の源泉となるため、「年商5億円」を突破する鍵となります。

非正規社員を含めた全従業員に参加してもらう

最後に、**全体会議の参加者は全ての社員を対象とすべきです。**

正社員だけ参加すればよく、パートや派遣社員、契約社員の方は参加する必要はないのではと思われる人もいらっしゃるかもしれませんが、業務に関係しているのは正社員だけではありませんよね。非正規社員の方々も会社の売上に重要な役割を果たしています。コミュニケーションをフォーマル化するという意味では、「全社員」を集めて開催することが望ましいです。

会社の規模や業種によっては、支社に従業員がいたり、工場に従業員がいたりするケースがあるでしょう。その場合は、**zoomなどのオンラインで開催しましょう。会議を録画できて記録にも残せるので、あとで見返す際に大変便利です。**

図 3-9　全体会議のまとめ

目的	経営者の考えを従業員に伝えて 従業員の意識を変える	
参加人数	従業員全員	
開催頻度	毎月1回	
発表内容	・経営者メッセージ	30〜60分 程度が目安
	・事業別の予算と実績の進捗(予実進捗)	
	・社員からの意見と回答	
	・お客様からの声の共有	
	・入退社情報・会社イベントなど	
準備すべきこと	①発表内容を検討する	
	②社内コミュニケーションを刷新する	
	③開催日時・時間を決める	
	④参加者を決める	

↓

経営者と現場の考えを合わせて
「組織の力」の土台を構築できる

第4章

～ステップ②「習慣化」の30日で取り組むこと～

経営幹部会議で組織の中枢を強くする

「習慣化」の30日はミドル層の意識改革をする

経営者の分身となる経営幹部を育てる

ステップ①「立ち上げ」の30日では、全体会議を通して「組織の力」の土台を築く方法を説明しました。ステップ②「習慣化」の30日では、管理職などのミドル層の意識改革を経営幹部会議を通して行い、「組織の力」が日常的に機能する＝習慣化する環境をつくり上げます。

本章では、経営幹部会議で行う次の3つのポイントに絞ってお話しを進めていきます。

①経営改善案の取りまとめ
②予算損益計算書の作成
③組織図の作成

年商5億円を超える企業になるためには、次々と発生する課題の対応とその改善、意思決定など、経営者一人では手が回らないことが増えてくるため、経営者が現場に直接指示をしなくても機能する組織体制を構築する必要があります。

「業務レベルの意思決定」や「業務レベルの改善推進」を任せられる経営者の分身＝経営幹部を育て、課題が発生したら都度、経営者になり代わって経営幹部が細かな判断を現場に伝えられる組織に育てる場とする。それが経営幹部会議の大きな目的です。

しかしながら、組織のなかに異なる価値観の人がいないと意思決定が誤るのではないかと思う人がいるかもしれません。しかし、多くの企業をコンサルティングした経験から、価値観を統一したほうが組織はうまく回りやすいといえます。

なぜなら価値観が異なると、「どちらが正しいのか」といった議論に時間がかかるためです。議論に時間がかかれば、当然実行も遅れてしまい、適切なビジネスチャンスを逃してしまいかねません。

また、現場レベルの従業員の立場からすると、価値観が違う経営者と部長がいた場合、どちらの意見を聞けばいいのかわからず、現場は板挟みになりながら作業することになります。これではスピード感のある実行力は現場に生まれません。

経営幹部会議には誰が参加すべきなのか？

経営幹部はどのレベルの従業員が当てはまるのでしょうか。

ある会社では社長以下部長までを経営幹部としていますし、ある会社では課長までを経営幹部に入れています。

最も手っ取り早いのは役員を経営幹部ととらえる基準です。

しかし、会社によっては役員が少なかったり、そもそも役員がいなかったりする場合もあるでしょう。経営幹部に選ぶべき基準を2つ紹介します。

①会社の数値を共有してもよい

従業員全員が参加する全体会議では、ざっくりとした売上の数値を発表しますが、**経営幹部会議では売上や経費の内容、金額など、より具体的な会社の数字を共有することになります。**経営に関する具体的な数字を共有してよい人材を選びます。

②組織内の階層をまたがない

たとえば、営業部長を飛ばして経営者が直接、営業課長に指示をしてしまうと部の責任者である部長のあずかり知らぬところで動くことになり、組織として機能できていないことになります。

組織の階層を無視しているわけですが、これではいつまで経っても営業部長（＝経営幹部）が育たないので、経営者は現場から離れられません。「組織の力」を育むことはできないでしょう。ですから、**経営幹部会議では3つの異なる階層（経営者、部長、課長）が参加できないようにします。**経営者と各部署の部長クラスといったように、経営者とつながりのある階層のみで構成するのです。

経営幹部会議では成功体験をまずつくる

目に見える成果が大きな自信につながる

経営幹部会議で最初に実施するべきことは、①経営改善案の取りまとめです。

経営改善案の取りまとめとは、3カ月先までの経営改善案を策定することです。経営幹部が自社の抱える課題と、それに対する改善策を持ち寄って、会社としてどのように動くのかを決めるのです。**目的は、目に見える改善を実現することで会社を変えたという成功体験を経営幹部に味わってもらうことです。**短期的な成果がひとつのポイントとなるため、3カ月をひとつの区切りとしています。

たとえば、経営幹部会議で話したアイデアを実行したら、月100万円のコスト削減ができたという経験を得られたとしましょう。

自分たちで考えて実行した施策で効果が出た。

こうした成功経験は、今後、経営幹部が従業員を率いていくうえで大きな自信となります。だからまずは、マーケティング戦略の刷新や自社商品のブランドリニューアルなどといった時間のかかる重要なテーマではなく、経営課題のなかで足元で実行できる改善策を進めてすぐに成果を出すことに注力するのです。その成果をもとに、今度はマーケティング戦略の刷新や自社商品のブランドリニューアルといった大きなテーマに取りかかっていきます。

まさに現状のCheck（確認）から入ってAction（改善）をとり、Plan（計画）に進むというＣＡＰＤサイクルの流れで進めていくのです。

経営改善案は一覧表で作成する

経営改善案の取りまとめは一覧表をもとに進めましょう。

まず、図4―1のように改善案の一覧表フォーマットをつくります。**番号、改善案、改善効果、記入者、判断、実施時期の項目を設けた簡単なもので構いません。**

次に、経営幹部会議の参加者に事前周知をします。

お疲れ様です。経営幹部会議に向けて各自の経営改善案を列挙していただき、課題の目線合わせ、および改善策の実行の要否を検討して、改善できるものはすぐに取りかかっていきたいと考えています。つきましては、次回の経営幹部会議までに各自、フォーマットに改善案、改善効果、記入者の入力をお願いします。

このようにして、経営幹部会議までに関係者に事前に記入をしてもらいます（図4―2参照）。

図4-1　経営改善案のフォーマット①

番号	改善案	改善効果	記入者	判断	実施時期
1					
2					
3					
4					
5					

番号、改善案、改善効果、記入者、判断、実施時期の項目をつくる。

図4-2　経営改善案のフォーマット②

番号	改善案	改善効果	記入者	判断	実施時期
1	外注先の変更	月20万の削減	山田		
2	商談オンライン化の推進	—	佐藤		
3	赤字先B社の値上げ	月15万の削減	山田		
4	有休車両の売却	100万円の収入	鈴木		
5	パートスタッフ2名採用	月18万円の増加	若林		

事前に連絡して改善案、改善効果、記入者を記入して表の空欄を埋めていく。

図4-3　経営改善案のフォーマット③

番号	改善案	改善効果	記入者	判断	実施時期
1	外注先の変更	月20万の削減	山田	やる	9/15～
2	商談オンライン化の推進	―	佐藤	やらない	―
3	赤字先B社の値上げ	月15万の削減	山田	やる	10/15～
4	有休車両の売却	100万円の収入	鈴木	やる	9/15～
5	パートスタッフ2名採用	月18万円の増加	若林	やらない	―

最後に、経営幹部会議当日にフォーマットの「判断」「実施時期」を埋めれば、経営改善案の表は完成だ。

改善案の項目には施策の内容がわかる表題をひとことで記します。改善効果はそれによってどれだけ収益アップを望めるのか、また費用を削減できるのか、具体的な数字を記載します。また、記入者を明記することで不明なところがあれば会議の席で、発案者に詳細な説明を求めることができます。

なお、会議までに記入をしてもらうために、できればデータはエクセル形式ではなく、Googleスプレッドシートや Microsoft 365などクラウド上で操作できる形式だと同時編集ができておすすめです。

最後に、経営幹部会議当日にフォーマットの「判断」「実施時期」を埋めます。

集まった改善案のなかから効果の程度を

加味しながら経営幹部会議では「実行する・実行しない」を判断し、「実行する」場合には実行する時期を決定します。

このように現状の経営課題をもとにした改善策を一覧表にすることで、経営幹部陣の経営に参画する意識が高まり、同時に会社として目指すべき方向性も定まるようになります。

予算損益計算書に計画的な数字を設定する

日々の経営の積み重ねが数字をつくり上げる

経営改善案を取りまとめたら、それをもとに②予算損益計算書を作成します。

そもそも**損益計算書とは、収益・費用・利益の3つの要素から成り立っている、会社のある一定期間の利益がわかる財務諸表のひとつです。**一方で、一般的に損益計算書などの決算書は終わった取引を記録・集計したものです。一方で、**予算損益計算書はこれからのことを考えて示すものであり、経営改善や会社を変えるための予測数値です。そのため、「数字をつくる」という姿勢を強く持つことが大切です。**

一つひとつの改善案の検討だけで終わらずに、改善案を検討し、会社の損益にどのような影響が出るのかを予算損益計算書にまで落とし込んで考えることで、ミドル層の経営参画意識を高める効果が望めます。また、損益計算書といった会社の財務に関係する数値を共有することで自分事へと意識が向上します。

売上や利益などの経営に関する数字は日々の経営の積み重ねとして現れます。逆に言えば、日々の経営の積み重ねが損益計算書の数字をつくり上げるのです。つまり、損益計算書は「集計されるもの」ではなく、「狙った数字に着地させる」ということがポイントとなるのです。

「一生懸命がんばっているよ！　結果はどうなるかわからないけどね」

このような状態は経営としてあるべき姿ではありません。

一生懸命経営しながら「売上高５億円、営業利益10％増、収支２０００万円の増加になる」といった仮説を立て、どのような損益に着地をするのかを明確にして、一つひとつの改善を積み上げることが必要です。

既存の取り組みに力を入れて売上の予算を実現する

売上の予想方法と改善のポイント

図4―4のように、予算損益計算書では主に12個の項目の数値を作成していきます。

ここでは、売上、売上原価、人件費、広告費という経営に関する数字で主要となる4つの項目に絞って予算損益計算書を作る際のポイントをお伝えしていきます。

まずは売上の数字について説明を進めます。

数字のベースは前年または前月などの実績や直近の商談状況をもとに考えます。

たとえば、前年同月実績は200万円で、直近月売上実績は180万円だったとし

図4-4　予算損益計画書

	直近月		3カ月後の目標
売上	28,950,871		31,000,000
売上原価	19,165,417		20,150,000
売上総利益	9,785,453		10,850,000
人件費	8,567,980		8,000,000
広告費	350,000		300,000
家賃	570,000	改善案	570,000
減価償却費	587,135	→	587,135
交際費	120,000		100,000
支払手数料	380,000		300,000
その他	890,155		750,000
販管費合計	11,465,270		10,607,135
営業利益	▲1,679,817		242,865

予算損益計算書では12個の項目の数値を作成していく。

ましょう。商談状況からコロナ禍以前に戻るのには時間がかかっていると判断し、今後も前年比10パーセント減程度で推移するだろうといった具合に計画値を作成します。

新規事業など売上予測となる基礎情報（前期や直近実績情報）がない場合、売上の計画値は見込客をどれだけ確保できるか、または売上の前段階にあたる「反応」を基準に設定するのがポイントです。

新店舗の売上であれば、開店前にＳＮＳアカウントを開設してオープン記念のキャンペーン広告を出稿。ＳＮＳアカウントの登録者を何人集められるのかといった売上に至る前段階の数値を設定することで、売上を予想するのです。根拠もなく、売上を計算しても実態とかけ離れた希望的観測になってしまいがちです。

なお、売上の予想は顧客別、商品別、店舗別、または営業担当者ごとなど売上管理区分に基づいて計算している会社がほとんどでしょうが、商売の基本である「お客様第一」という観点から顧客別売上管理が理想です。顧客別管理を行うことでお客様に向き合う姿勢が生まれるからです。これまで異なった方法で売上管理をしてきた会社は本書をお読みになったことをきっかけに、ぜひ顧客別の売上管理を行うことを推奨します。

既存の取り組みを伸ばすアプローチに力を入れる

売上の数字を設定したら、どうすればその数字を実現できるのか具体的な道筋をつけていきます。

ただ、短期間では抜本的な改善は難しいため、できることを一つひとつ実施する姿勢が重要です。**顧客数や販売数を増やして売上をアップするには、新しいことに取り組むのではなく、これまでに結果が出ている取り組みをさらに深堀りすることが効果**

的です。

たとえば、ある取引先から新しいお客様をご紹介いただいたとしたら、紹介をもっと増やすために、紹介制度を既存の取引先全員に周知する。または、WEBからの問い合せが多いのであれば、もっとWEBの問い合せを増やすためにはどうすればいいかという視点のもと、WEBからの問い合せだけではなく資料請求という項目をつくって潜在的な顧客のメールアドレスを入手してコンタクトできるようにする。このように、すでに結果が出ている取り組みをさらに伸ばしていくのです。

また、**既存顧客の顧客単価を高める視点も重要です**。

とくに取引金額の大きい「得意客」は自社のサービスや商品に満足しているお客様ですので、彼らをもっと満足させることができれば売上は必然と増えます。そのため、「得意客」が望む新商品やサービスを考案し、提案していくことで顧客単価が高まるようなアプローチを取るのです。

なお、「得意客」の満足を向上させるために、このような新サービスや商品を継続的に生み出していくことは、競合に打ち勝つ圧倒的な優位性をもたらします。短期的な改善だけではなく中長期的にも大きな成果となるでしょう。

売上不振の企業は営業の「量」を増やす

売上が好調に伸びている局面では、前述のマーケティング戦略などが高い効果を発揮しますが、売上不振に陥っている場合は違う対策が必要です。

売上不振に陥る原因のほとんどは「行動量＝営業量の不足」です。改善策としては、経営者も営業担当者も徹底して外に出て営業していくことで売上を増やすことが求められます。営業量の不足を補うには、とにかく泥臭く行動の量を増やすことが効果的だからです。

行動を増やすといってもなにをどうすればいいのかわからないという方もいらっしゃるでしょう。

そういった方は、**効果や効率性を考えず、既存取引先、新規開拓、業界関係者問わず、とにかく人に会いましょう。**「この人と会ったら商談が生まれるかな」と考えてはいけません。その人とは商談に至らなくても会ったことがきっかけでビジネスチャンスが舞い込んだり、見込み客の集まる場所や会を紹介してくれたりするなど「思わぬ収穫」があることが多いのです。
売上不振を打破するためにはとにかく外に出ましょう。

売上原価の予想方法と改善のポイント

商品を仕入れるとき、もしくは商品を製造するときにかかる費用のことを「売上原価」といいます。**売上原価は基本的に、実額ではなく率で考えることがポイントです。**原価率でとらえることで、効率的な経営を実施できているかを判断できるようになるからです。

売上原価率は、現状の数字をもとに次の２つの方法でどれだけ抑えられるかを検討します。

ひとつ目は商品の値上げです。

利益を増やそうと売上原価について考える場合、売上原価の削減という方向に向きがちですが、もし10パーセントの値上げができるのであれば、それだけで利益率は10パーセント増加します。後述するように原価を削減するのは大変な作業なので、１パーセントでも2パーセントでもまずは値上げを検討するべきです。

2つ目は原価削減です。

一つひとつこれまでの原価の内容を精査して削減できるものについては削減していきましょう。

たとえば、図4―4では原価率のわずかな削減が目標となっています。一つひとつの原価の項目を精査していきながら、材料費は0・5パーセント削減しよう、仕入コストは0・6パーセント削減しようなど、原価の比率をもとに削減できる項目を精査して削減していきます。

原価削減を中心にコスト削減（経営改善）全般でおすすめのアプローチは、経理担当から「総勘定元帳」をもらってすべてに目を通すことです。

「総勘定元帳」とは、勘定科目別に取引の数字を把握できる帳簿です。

経営改善が必要となる会社では、経営に関する定量的な数字データへの理解が経営者にそもそも足りていないだけではなく、決算書を見たことがないというケースも少なくありません。

しかし、現状の数字データへの理解なくしては、合理的な改善策は導き出せません。

そのため、総勘定元帳に記載されているデータを見て、正確な現状を把握するのです。

たとえば、製造業で外注費の削減を考えているとしましょう。このときまず手をつけ始めるのは、総勘定元帳から外注費の会計データを取り出してひとつひとつのデータを精査することです。

外注費の削減では、外注費の項目すべてに目を通して自社でできないか＝内製化を検討します。閲覧しているデータの期間に外注取引が６０００件あったとするならば、６０００件のうち委託内容や委託先といった項目で分類します。そのなかで、たとえば委託取引が30社程度あるとしたら、その30社分の委託業務を内製化できないかどうかを考えるのです。業務内容や社内の人員資源など、割けるリソースは限られているはずです。

仮に10社分は内製化できると判断しても、すべてではなく、そのうちの何割にするかを決定し、そのうえで改善を進めていくのです。すべて数字データと向き合いながら進めていきます。

人件費は人員を整理し、広告費はターゲットを絞る

人件費の予算と改善のポイント

続いて予算損益計算書で人件費と広告費を設定するポイントを解説していきます。

人件費（役員報酬、給料賞与、退職金など）を予想する際には、まずは人員の整理を検討します。必要な従業員の人数を超えている場合は、人件費を削減する余地があります。

ただし、正社員を安易に解雇することは労働基準法に抵触する恐れがあるため、倒産の危機や解雇すべき明確な事由がある場合を除き、基本的にはパート／アルバイトといった非正規社員のシフト減少などから着手します。

次に残業時間の削減について考えます。賃金台帳で従業員たちの残業がどの程度発生しているかを確認し、多ければ削減する方法を検討します。

たとえば、残業は承認制にしたり、定時になったら管理職が現場の見回りを行ったりするなど、会社の仕組みとして残業時間を減らす工夫を行います。それでも改善が進まない場合には、給与の減額まで踏み込みます。ただし、そこまで実施するには、役員報酬を必ず減額して経営幹部陣が身を削るなど徹底した行動が必須です。

最後に、一人ひとりの従業員ごとの給与額をもとに人件費を積算します。

なお、賃金台帳を見なくてもいいように、これを機会に損益計算書へ給料を入力する際に残業代は補助科目として別掲することをおすすめします。

広告費の予算と改善のポイント

自社製品やサービスを顧客に向けて宣伝するときにかかる広告費は、前年同月の実績と今後の販促計画をもとに数字を決めます。

たとえば、前年に展示会に出展していたのであれば、今年もその展示会への出展や他の展示会への出展も検討する。また、ポスティングの実施をしていたのであれば、今年は実施可否、金額の振り分けを決める。まずは、前年の実績をもとに実施の要否と金額の多寡を積算するのです。

しかしながら、毎年同じことの繰り返しでは進歩がありません。次の3つの視点で新しい広告の打ち手を考えることも重要です。

①オンラインとオフラインの予算配分

広告はWEBマーケティングなどのオンラインとポスティングなどのオフラインに分けられます。

オンライン広告は予算をかければ、顧客が集められるメリットはありますが、「検索」されやすいニーズのあるサービスでないと効果が出にくい傾向があり、「拡散」されるだけの商材力がないと認知されづらいデメリットがあります。

一方でオフライン広告は、直接顧客と接点を持てるため、WEBマーケティングと比べて短期的に効果が出やすいメリットがあります。デメリットは多くの場合に顧客との接点は1回だけで終わってしまい、広告の内容に効果を依存してしまう点です。

どちらにもメリットとデメリットがありますので、バランスよく予算配分することが大切です。**正確に5対5の割合にする必要はありませんが、2対8（または8対2）程度のバランスを目指すとよいでしょう。**

これまでＷＥＢマーケティングを全く実施していなかった企業がオンライン広告に予算を大きく割いて効果が出なかったとき、もし５対５も配分をしていたら失敗したときのコストが高くなってしまいます。しかし２対８程度の比重であれば失敗してもコストを最小限に抑えることができます。また、問い合わせ内容や顧客の情報など最低限得られる情報があるはずですから、新たな販促を考えるためのリサーチコストと割り切ることもできるのです。実際、５対５といった均等の配分をしている企業はあまり見たことがありません。

②アウトバウンド施策とインバウンド施策

自社からアプローチする「アウトバウンド施策」と顧客からのアプローチを獲得する「インバウンド施策」という２つの区分があります。広告費を検討するときは、この２つの観点から予算配分を考えることもポイントです。

予算配分は、アウトバウンド施策よりもインバウンド施策に多くの配分を行うのがよいでしょう。アウトバウンド施策は直接お客様にアプローチできる強みがある一方で、効率は決して高くないためです。

アウトバウンド施策の一例として、最近流行っている「フォームDM」があります。フォームDMとは企業の問い合せフォームから営業のメールを送る手法です。あくまで私見ですが、反応率は1000分の1あればいいでしょう。

こういったアウトバウンド施策で反応のあったお客様の多くは、自社のことを全く知らないお客様のため、会社や商品のことを理解していただくことから取り組む必要があり、顧客育成コストがかかります。

このような効率性の観点から、賢い企業はアウトバウンド施策ではなくインバウンド施策に対する配分を多くしています。

セミナーの開催や展示会出展、SNSなどによる情報配信、サンプル提供（クーポンなどの）、会員制度、メールマガジン、LINE登録、動画配信、資料請求や資料ダウンロード、ブログ記事作成などのWEB検索による自然流入……などさまざまな方法があります。インバウンド施策であれば顧客が自発的に反応してくれているため、顧客になるまでの育成コストも低くなります。

③リード取得とリード育成コスト

３つ目が「リード取得」と「リード育成コスト」についてです。

リードとは「見込み客」のことを指します。つまり、「リード取得」と「リード育成コスト」とは、問い合せや成約のひとつ前段階の見込み客を集めることとその費用を意味します。

広告予算では「どのように問い合せや成約を得るか」といった視点で考えがちですが、**リード＝見込み客をどのように取得して、育成＝顧客化するといった「マーケティングオートメーション」と呼ばれる施策の実施も検討すべきです**。

たとえば、自社ホームページから問い合せを増やしたい場合、広告費を増やすことだけではなく、ホームページ上に「資料請求」や「失敗しない３つのポイント」などといった資料を用意しておいて、その資料をダウンロードしてもらうといった仕組みを入れることが大切です。問い合せのアクションだけでは、一定の顧客しか反応を期待できません。しかし、資料請求などは顧客にとってハードルが下がるため、アクションしやすくなります。企業からすれば、それで顧客の情報を得ることができます。資料請求してもらった人には定期的なメールマガジンや一定期間後に営業から電話を行うなどして顧客化を期待できます。このようにリード取得、リード育成のための予算配分をできているかも考えましょう。

なお、ここまで広告費のポイントを説明しましたが、売上不振の場合は広告費ではなく、営業の行動量が足りていないことのほうが多いです。そのため、お金を使って解決するのではなく、集客ができていない本質的な課題と向き合うことが大前提です。広告費よりも営業の行動量を増やすことを考えましょう。

売上と利益で目指すべき3つのレベル

自社のレベルに合った目標を設定する

予算損益計算書の主要項目について策定のポイントを述べてきました。

続いて、売上と利益をどのくらいのレベルに設定するかを説明していきます。

会社が成長して飛躍するためには、高い目標を設定する必要があります。しかし、会社の身の丈に合わないあまりにも高い目標を設定してしまうと、達成するのが難しくなります。

経営目標は現状の経営状況に沿って決めるべきです。その基準をここでは解説していきます。

レベル①減価償却前利益で借入金が返済できる

会社を経営するうえで最低限目指すレベルです。

原価償却前利益とは、当期純利益＋減価償却費で計算される利益のことで、借入金返済の限度額といわれています。つまり、原価償却前利益で借入金が返済できない状態は経営として好ましくありません。

最低限のレベルでは、原価償却前利益が借入金の返済額を上回るように設定します。

たとえば、減価償却費が２００万円、税引後当期純利益が50万円、借入金の返済額が年間３００万円だったとします。減価償却費は実際に現金の支出のない費用のため、利益50万円に２００万円を加えた２５０万円が現金収支となります。そのため、この現金収支２５０万円と借入金の返済額３００万円を比較した50万円は利益で返済ができていない状態です。まずは、借入金の返済ができる水準までの減価償却前の利益を設定する計画書を作成しましょう。

レベル②現預金が販管費の３〜６カ月分ある

現預金が販管費の3〜6カ月分ある状態です。

販管費とは、財務諸表で販売費および一般管理費という項目で示されています。商品やサービスに関わる費用や、それ以外の一般的な管理業務で使われる費用のことを指します。言い換えれば、会社が本業を営むうえで必要な費用となります。

販売費の項目には、営業部員の給料、宣伝広告費、発送費、配達費、保管費、営業部員の交通費、代理店への販売手数料、出荷手数料などが含まれます。

一般管理費の項目には、従業員の給料、賞与、手当、家賃、水道光熱費、福利厚生費などが含まれ、会社の一般管理業務に必要なすべての経費を表します。

このレベルでは、販管費の費用3〜6カ月分を現預金が貯まるように、売上と利益を設定しましょう。経営に関わるトラブルが起きても、3〜6カ月分の販管費があれば、多くの場合は問題なく対応できます。

レベル③実質無借金の状態

事業を行ううえで借入金と同程度の現預金がある状態です。

読者のなかには、無借金で経営したほうが良いのではと思う人もいらっしゃるかもしれませんが、それは間違いです。

金融機関は融資実績のない企業への融資に時間をかけます。そのため、無借金経営では、いざ借りたいと思ったときには思ったように調達ができない恐れがあるのです。

一方で、現預金の額が多いと経営者は安心感を覚える傾向にあります。

現預金があることで経営者の心理面での安定が保たれて、大胆な意思決定ができるメリットがあるのです。意思決定をするのは機械ではなく人間です。こういったメンタル面での影響も考えたときに、無借金経営でぎりぎりの現預金で回していくよりは、ある程度余裕があったほうがよく、借入金1億円で預金1億円といったケースのほうが安心感を持って会社の経営ができます。

現在の自社の経営状況を把握して、まずはどの段階を目指すべきなのかを確認しましょう。目指すべき段階を決めたら、自ずと予算損益計算書の数値も決まってくるはずです。

役割と責任に基づき組織図を作成する

責任のない仕事は実行力を伴わない

経営幹部会議での最後の取り組みが、③「組織図の作成」です。

年商数億円規模の中小企業では「誰がどのような責任を負うのか」が不明確になっている場合がよく見られます。

たとえば、売上が未達だったときに誰が責任者でどうあるべきなのか。また、新しく顧客管理ソフトを入れたり、納期短縮に向けた業務改善を進めたりするときのプロジェクトの責任者は誰でどうあるべきなのか。

責任者、責任の範囲が不明確な場合ほど、組織としての実行力は伴いません。

「営業の具体的なアクションプランの立案は、私たち営業ではなく経営者の仕事だと思っていました」「出荷作業の改善はBさんに任せていたつもりですが、Bさんは全然進めていませんでした」といったような事態が起きてしまうからです。

組織図の作成は、すなわち組織における立ち位置&役割、権限&責任の範囲を明確にすることであり、ミドル層の従業員に管理監督の責任意識を芽生えさせることにつながります。

一方で、現場のスタッフにとって、組織図が社内に公開されることは上長が明確になるので、誰の指揮命令系統に属しているのかが一目瞭然です。これはミドル層の従業員の経営意識を高めることにもつながります。

「戦略は組織に従う」で予測不可能な時代に立ち向かう

最近では、「戦略は組織に従う」という考え方から責任の明確化がより重要になっています。「戦略は組織に従う」とは、組織に合わせた戦略を決定する必要があるという意味です。これは戦略を優先した経営を考えても、そもそも組織にはそれぞれ独

図 4-5　組織図のイメージ

機能別の組織図

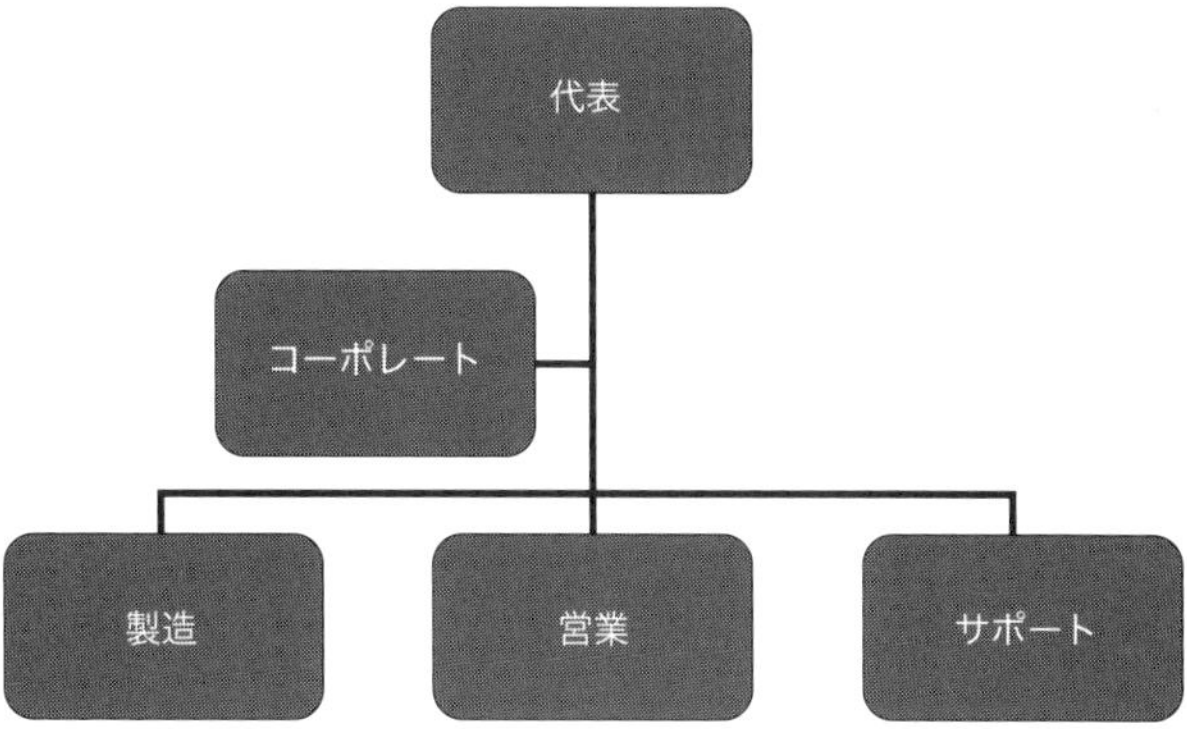

事業別の組織図

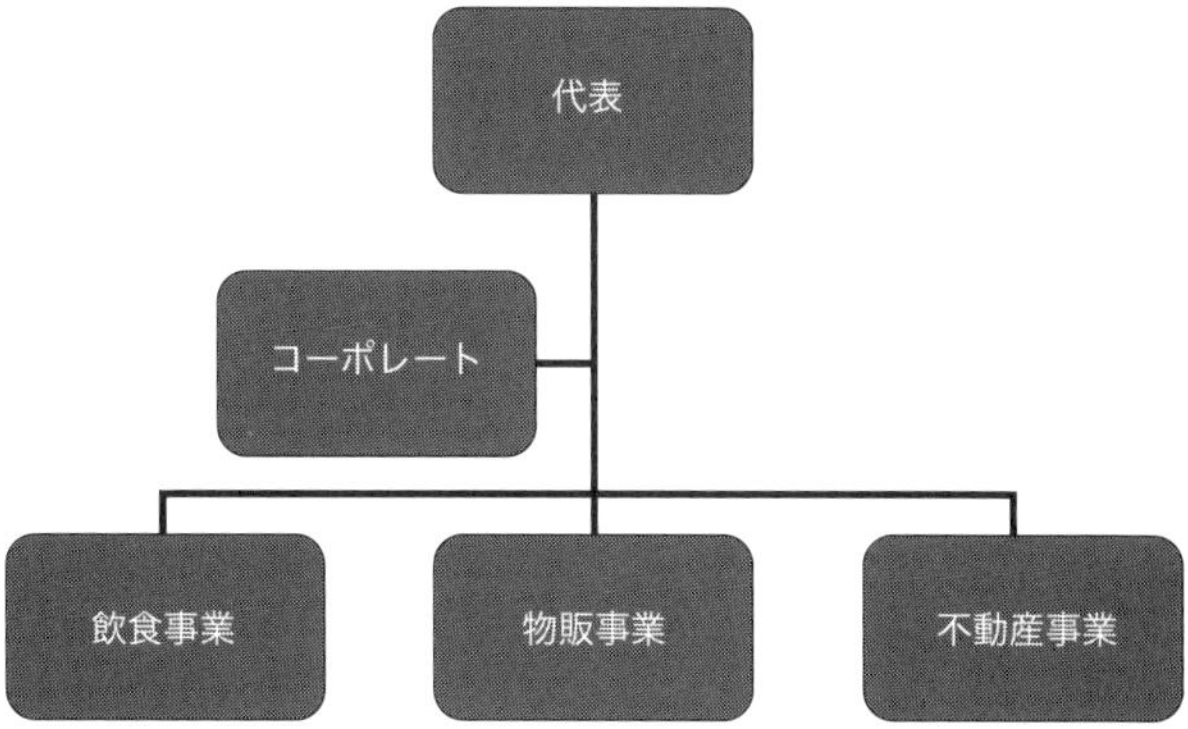

一般的に損益や予算を管理するために事業別に組織をつくることが多い。しかし、業務が多様化してマルチタスクが求められる現在では機能別に組織をつくるメリットも高まっている。

自の文化がある。だから、それぞれの組織の特徴に沿った戦略をつくっていかなければならないということです。第1章でも述べましたが、外部環境の変化が激しくなった時代では、決めた戦略が実行される前に意味をもたなくなってしまうことがあります。

たとえば、AIのシステムを開発してリリースしようという経営戦略を進めていても、生成AIのChatGPTが登場して当初の戦略に価値がなくなってしまったといったことが起きているのです。

こういった状況では、いかに環境の変化に柔軟に対応できる組織をつくるかという「戦略は組織に従う」という考え方を取り入れる必要があるわけです。

責任に基づいて組織図を作成する

では、組織図の作成はどのように進めればよいのでしょうか。

勘違いしやすいのですが、ここでの組織図における階層の高低は能力で決めるわけではありません。あくまで役割と責任です。責任を明確にすることで、気がついたら誰も何もやっていなかったということが起こらないようにします。

責任に基づく組織図は、縦軸に役職を、横軸に事業名や機能名を記して管理区分を設定した2つの軸をもとに作成していきます。

まずは縦軸から決めていきましょう。**役職を基準にした組織内の階層を検討します。**

ここでの階層とは、部長や課長、係長など会社によって呼び方はさまざまですが、組織内にどのようなポジションをつくるのかを検討します。

ポイントは「業務の改善や教育を担当してほしい」といった業務管理の視点ではなく、「この役職は粗利率の実績に責任を負うべきだ」といった責任をもとに階層をつくることです。

たとえば、図4―6のように求められる「責任」を①利益貢献、②顧客対応、③社内教育に分けたとします。各項目について、どの程度責任を負うべきかを◎（結果に責任を持つ）・○（現場の管理に責任を持つ）・△（業務の実行に責任を持つ）など段階ごとにマトリックスをつくって階層化していき、割り当てる人物を記載すれば縦軸の組織図は完成します。

図4-6　組織の階層をつくり方

	利益貢献	顧客対応	内容教育
部長／マネージャー	◎	◎	◎
課長/リーダー	○	○	○
グループ長	△	△	△

責任をもとに階層をつくる。上記では「利益貢献」「顧客対応」「社内教育」と責任を分け、責任のレベルを◎（高）、○（並）、△（低）と３段階に分けることで、組織図の作成に活かすことができる。

横軸は、図4―5のように、「機能別」または「事業別」に分類しましょう。ここでの機能とは、「営業部」「製造部」など、いわゆるひとつの収益に向けて分業したグループを指します。一方で事業とは「飲食事業」や「物販事業」などそれぞれ収益が異なる取り組みを指します。事業が２つ以内で作業別にすることが多い場合には機能別に、複数の事業ごとに分かれている場合には事業別に組織をつくることがポイントです。

ここまで、経営改善案の取りまとめ、予算損益計算書、組織図の作成について説明してきました。いずれも「組織の力」を生み出すためには大切なものばかりです。決して簡単な取り組みではありませんが、「年商5億円の壁」を乗り越える企業へと成長するために歩みを進めましょう。

図 4-7　経営幹部会議のまとめ

目的	ミドル層の意識を変えて経営者の分身をつくる
参加人数	経営幹部
開催頻度	毎月1回
発表内容	・経営改善案の取りまとめ
	・予算損益計算書の作成
	・組織図の作成
準備すべきこと	・経営改善案の取りまとめ案を出してもらう
	・前年の売上や人件費、広告費などを調べておく
	・組織で責任を負うべき内容について見当をつける

↓

課題が発生したタイミングで
その都度、経営幹部が
細かな判断を現場に
伝えられる組織をつくる

コラム：借入金の返済計画作成のポイント

借入金の返済計画は会社の健全な資金繰りを担保するために、経営者が考えておくべき事項のひとつです。**借入金の返済計画を考えるうえでは、借入金を種類ごとに集計していくことが重要です。**後述するように金融機関との交渉に役立つためです。

借入金の種類は、「保証協会かプロパー融資か」で分けます。

保証協会とは、中小企業・小規模事業者の金融円滑化のために設立された公的機関です。金融機関から融資を受ける際に信用保証を提供する役割を担います。

運転資金の場合は、無担保で8000万円までの保証を受けることができます。賃貸住宅を借りたとき、保証会社をつけたことがあるかもしれませんね。それと似たような仕組みで、万が一、融資を返済できなかったときに、残債の80~100パーセントを金融機関に代わって保証協会が肩代わりするという内容です。中小企業ではほとんどの場合が保証協会の利用を行っています。

保証協会といっても実にさまざまな保証サービスがあります。たとえば、昨今話題となった「コロナ貸付」は、通常の一般保証と異なるセーフティ保証と呼ばれる保証です。セーフティ保証であれば一般保証では難しい融資を受けることができます。

また、国から計画の認定を受けた事業者専用の「経営力向上関連保証」というのもあります。こちらも一般保証では難しい融資が受けられるなど、保証枠によって融資の可否が変わります。

一方、プロパー融資は保証協会を利用していない融資です。万が一貸倒れとなった場合には貸し出した金融機関が全額損失となります。

金融機関との交渉では、保証協会とプロパーをうまく組み合わせていくことが大切です。そのため、長期借入金について保証協会の残高とプロパーの残高を分けて集計します。

たとえば融資を受けようと思ったときに、保証協会残高が0でプロパー融資残高が2000万円といった場合には、保証協会をうまく使うことができないかと考えることができます。

一方、保証協会のみしかない場合には、保証協会で融資を受ける際に金融機関に対して同額をプロパーに提案することも考えられます。

このように金融機関とのコミュニケーションで、保証協会とプロパー別の金額を把握しておくことは重要なポイントとなります。

なお、**金融機関はひとつではなく複数、具体的には日本政策金融公庫も含めて3行程度とお付き合いをしておくことをおすすめします。**メガバンクは中小企業の支援を行うのが難しくなってきている側面がありますので、メガバンクをメインにお付き合いしている場合には地方銀行などにメイン先を変えていくことをおすすめします。

また、経営者の会社に対する連帯保証債務も忘れずに計算しておきましょう。

なぜならば、万が一、法人破産をしたときに連帯保証債務の金額は支払わなければいけないからです。たとえば、借入金1億円で法人破産をしたときに、経営者の連帯保証債務が8000万円だとどうなるでしょうか。

1億円の債務のうち2000万円は免責になりますが、残りの8000万円は免責になりません。8000万円は経営者、もしくは経営者が亡くなったときには家族が支払わなければならなくなります。

万が一の事態に対応するためにも、連帯保証債務については専門家などに相談しておきましょう。保証債務額と３カ月分の運転資金分の保険には入っておくとよいでしょう。

第5章

〜ステップ③「定着」の30日で取り組むこと〜

現場会議で自律した従業員を育て上げる

現場会議では従業員に自律的な動きを促す

現場チーム内で意思疎通できる風土をつくる

第3章では経営者と全社員の意識を変える全体会議を、第4章ではミドル層である経営幹部の意識を変える経営幹部会議の話しをしました。

第5章のステップ③「定着」の30日では現場会議を通して、現場従業員の行動を変えていきます。

まず現場会議とは、チームのメンバー全員とミドル層の経営幹部を含む上長1〜2名程度が参加する会議のことで、CAPDサイクルを回すことを通じて、現場レベルで課題の発見と改善提案を根付かせていきます。経営幹部会議で決めた経営改善案の内容を実行したり、予算損益計画書で決めた数字を実現したりするために現場の従業員が活発に動く風土をつくっていくのです。これは、従業員が自律的に動く「組織の力」が身につくことを意味します。

現場会議の開催は週に1回程度、時間は15分程度が目安です。

主な議題は次の2つです（図5―1参照）。日々の細かな改善のアイデアを出したり、会議で決めたことを実行できたかを確認したりします。

①現状報告
②次回までのToDo

①はチームの現状の課題の共有や成功事例の共有、そして課題に対する打ち手の立案が主な内容です。たとえば営業部であれば、予算を達成しているのかといった現状の営業実績、うまくいった営業提案の事例、お客様からのクレームや競合の状況などを共有します。製造部署であれば、工場の生産工程に関する現状の課題、不良の事例、

今後の改善についての意見共有などを行います。

②は、次回の現場会議までに行うことを定めます。計画（Plan）を定めて終わりではなくて、次の現場会議で達成状況を確認することで、実行力を伴う組織をつくり上げていきます。

①と②は本章の軸となるCAPDサイクルそのものです。まずは現状を認識して課題を確認していく。この作業を現場会議の開催を通じて、従業員に徹底させていくことで、「予算や品質改善などの目標に対して、現場から自発的なアイデアが出る」「潜在的な課題やリスクについて上長に報告が上がってくる」といった自律的な現場をつくることができます。

コミュニケーションラインが生まれて組織の土台が完成する

現場会議では、ミドル層の経営幹部が参加することで、「現場↓ミドル↓トップマネジメント」といった上下間のコミュニケーションラインが生まれます。**現場の意見**

図5-1　現場会議のイメージ

1：現状報告
（達成状況、課題、成功事例などを共有する）

・4月第2週は、見積提出金額が予算の80パーセント程度。あと20パーセント程度を埋める必要がある。

・新規アポイント件数がチーム目標15件に対して5件足りていない。交流会や過去の休眠顧客、WEBからの問い合せ客などからアポイントを設定する必要がある。

⇩

2：次回までのToDo

・来週までに各自3件の新規アポイントを行う。そのために、明日を期限としてアポイント先の報告を行う（担当：各営業担当/期日：4月10日）。

・WEBマーケティングの効果検証のためにWEB経由の問い合せの成果を測定する（担当：山田/期限：次回のミーティング前日まで）。

をトップマネジメントに、トップマネジメントの意見を現場へとスムーズに伝達することが可能となるなど、組織としての土台が確立します。

なお、現場会議は異部署間で開催することも可能です。

たとえば、営業部と製造部が集まる「営業・製造連絡会議」を開催すれば、お互いの課題や状況の共有を行うことができるようになります。従業員は自分が所属する部署以外の情報を知ることで、社内の状況や業務について理解しながら仕事することができます。

先行指標を基に行動計画を決める

先行指標を基準にした報告と改善を共有する

現場会議の内容について掘り下げていきます。

①現状報告、②次回までのToDoはどちらとも「先行指標」を基準に考えていきます。

「先行指標」とは、アポイントの目標件数、既存取引先等への情報配信件数、WEBマーケティングを通じた新規のアクセス件数など、結果を生み出すためのプロセスに関する指標のことです。一方で「遅行指標」というものもあり、こちらは売上や利益といった結果に関する指標のことです。

現場会議では、成果や実績などすでに終わったこと＝「遅行指標」だけではなく、「先行指標」に注目していきます。

たとえば、１０００万円の予算に対して、現時点で８００万円の売上が立つと予測したとしましょう。このとき、現状報告では20パーセント未達で終わりそうといった報告が必要です。現時点の予算達成額（＝結果指標）ではなく、あくまでゴール地点を基準にした情報を共有するのです。図５－１に「**４月第２週は、見積提出金額が予算の80パーセント程度。あと20パーセント程度を埋める必要がある**」というのも、まさに先行指標の視点に立ったコメントです。

そのうえで、アポイントの目標件数、既存取引先等への情報配信件数といった先行指標の割合がどうなっているのかを共有。「でも、結局、何をどうするの？」といった疑問が残るような共有や相談で終わらないように、一つひとつ具体的に次回のアクションプランまで落とし込んでいくのです。

現場会議を経て決めた具体的な実施事項は、フォーマルな意思決定なので経営者は従業員に強制力を持たせることができます。

部署によってさまざまな「先行指標」がある

「先行指標」の選定と数字を収集する仕組みを実装していきましょう。
次の項目が先行指標の一例です。

【営業部の先行指標の例】

- 資料請求の件数
- 新規アポイントの件数
- 問い合せ電話の受電数
- テレアポのアポイント件数
- メールマガジンの配信件数
- SNSでの投稿件数、フォロワー数
- セミナー等の開催件数
- 自社ホームページのアクセス数

【製造の先行指標の例】

- お客様アンケートの満足度
- 商品のサンプル提出からお客様了承までの修正回数
- 定型業務と非定型業務の受注割合および外注割合
- 商談前のお客様への資料の送付割合、カウンセリングシート回収率

【バックオフィスの先行指標の例】

- 1日または1週間ごとの残業申請時間数
- 翌月3日以内での請求書や納品書の到着率
- 勤怠集計における修正、社内連絡の回数
- 現金精算の取引数

上記のように先行指標には、さまざまな指標があります。

なお、製造／実務の先行指標に記した、定型業務と非定型業務の受注割合および外

注割合は、少し専門的な内容なので補足しておきましょう。

定型業務とは、決まった業務フローが確立されている業務のことを指します。パッケージ商品などが該当します。一方、非定型業務は決まった業務フローが確立されていない業務のことです。オーダーメイド商品などが該当します。

生産管理では、いかに受注を平準化するかがポイントです。

たとえば、オーダーメイド商品（非定型業務）が100パーセントの場合とパッケージ商品（定型業務）が100パーセントの場合、後者のほうが生産効率が高くなることは理解いただけるでしょう。受注を平準化するには、生産に占める定型業務の目標割合を決めておくことが重要です。また、何を外注して何を内製化するか、具体的な方針と数字目標が決まっていると、工場の生産計画も立てやすくなることから、生産の外注割合の目標は重要な先行指標のひとつといえます。

自社に適した先行指標と集計方法を選択する

先行指標はどのように選べばよいのか？

先行指標を選ぶとき、手あたり次第に選ぶというのは推奨しません。網羅的に選ぶよりも、指標を絞って進めていくほうが効果的だからです。数の多さにこだわってしまうと打ち手が分散してしまい、効果が出ないことが現実問題としてあるのです。

会社によって営業方法はまちまちです。

自社から積極的に顧客にアプローチするアウトバウンド施策が得意だったり、お客様からのお問い合わせをいただくようなインバウンド施策が得意だったりといった特徴があるでしょう。また、今後はＷＥＢに力を入れていきたいなどといった課題のフェーズによっても力点は異なります。

自社の特徴を考慮しながら、これまで最も成果につながりやすかった取り組みと今後力を入れていきたい取り組みを先行指標に選定しましょう。

先行指標の集計方法を検討しよう

先行指標は売上実績などの結果指標と異なって、収集・測定するのが難しいという特徴があります。

たとえば、メールマガジンの配信件数を先行指標として設定しようとすれば、メールマガジンの配信件数を定期的に集計する管理表やシステムが必要です。また、新規のアポイント件数を先行指標として設定しようとすれば、それを定期的に集計する管理表や新規アポイントを報告するような仕組みが必要です。

先行指標は多くの場合、日常業務における取り組みであるため、一つひとつの業務を強制的に管理・集計するような仕組みを取り入れる必要があるというわけです。

具体的な集計方法の種類をいくつか紹介しましょう。

①エクセルで定量データを管理する

例：受注見積もり提出額と実績額などをエクセルデータで管理。成約率が低ければ成約率改善のために提案方法を変えるといった議論ができるようになる。

②報告制度を活用する

例：クライアントとのミーティングの前に、クライアントが抱えている課題と提案できる内容を前日までに上長に報告する制度を導入。ミーティング前に提案内容を把握できることで上長が事前の対策ができるようになる。

③集計表を作成する

例：残業時間が人によってばらつきがある場合、残業時間を記録する集計表を作成。1日ごとに残業時間を見えるようにすることで、事前の注意が可能となる。

図5-2　代表的な先行指標と集計方法

	先行指標	集計方法
営業部	資料請求数	WEBからの請求数
	メールマガジン配信数、SNSアカウントフォロワー数	各アカウントを集計
	重点顧客数 ＊取引金額（累計）や購入頻度などをもとに重点顧客を決定	請求データまたは販売サイトでの取引実績をエクスポートして集計
	1日あたり新規アポイント数	営業人員の実績を集計
	見積もり提出数・金額	見積もりの提出件数および金額を専用のシートで管理する
	自社ＷＥＢサイトアクセス数	Googleアナリティクスなどで自社ホームページへのアクセスを集計
製造部	段取作業＊の工数 ＊機械のセッティングなど直接稼働に関係しない作業	段取作業を行っている人員の労働時間数
	不良や事故処理の数	品質管理や不良報告を専用のシートで管理する
	内製化できる外注比率	委託先ごとの外注実績を毎月測定する
事務・経理など	勤怠実績の締めの工数	勤怠締切後の不備の数を個別に集計
	請求書の到着日数	取引先からの請求書の到着日を集計（月初2～5営業日以内など）

ポイントは①のようにデータを活用したり、②のように新たな制度を設けたりすることで先行指標を集計するようにすることです。慣れないうちは少し面倒に感じるかもしれませんが、ルーティン化できれば難しいことではありません。

会社で決めたことを必ず実行するために大切なこと

一度決めたことを放置しない組織文化をつくる

次に先行指標の設定・集計と並んで重要な「決めたことをやりきる実行力」について説明します。現場会議では次回までのアクションプランを決めると述べました。そのアクションプランをしっかり実行する力には、「決めたことをやりきる実行力」が必要です。

会議で決めたことが全く実行されないときは、そのままで放置せずに期日の変更をしたり、実行自体を棄却したりするなど、一度決めたことを放置しない組織文化をつくりましょう。

社内の一斉清掃をすると決めたらみんなで掃除をする。提案書をつくると決めたら提案書をつくる。

やると決めたことをしっかりとやるのです。

決めたことが実行されないケース別に対処法をご紹介しましょう。

ケース①インフォーマルなコミュニケーションでの指示

上長と部下が一緒にランチに行ったときのことです。上長から部下へ「既存客への提案のみならず、新規先にもアプローチを増やしたい。具体的な方法を考えてほしい」という話になりました。

1週間後、上長が部下に「あのときのランチの話、どうなった？」と尋ねたところ、「ランチの話って……なんでしたっけ？」という回答が返ってきて指示が伝わっていなかったことが判明しました。

対処法：定期会議で議事録に残す

上長からの指示を会社からの指示・決定事項として明確にしましょう。そのため、ランチといった非公式な場ではなく定期会議といった公式の場で議事録に残すことで、実施する内容と期限について責任を明らかにします。

ケース②提案書が上がってこない

現場会議でAさんが営業提案書を作成すると決定しました。期日は2週間後の11月5日です。しかし、11月5日になってもAさんから成果物が上がってきません。上長はさらに1カ月たった頃にようやく「前話した提案書ってどうなった？」と確認をしたところ、Aさんはまだ営業提案書の作成に苦戦していました。

対処法：放置しないで明確な決定を下す

提出期日を過ぎた段階で期日を再設定する。もしくは、そもそも提出自体を取り止めるといった決定を下しましょう。提出期限を守ってもらうには、現場会議での進捗確認などが有効です。先述の通り、提出忘れを放置したままにすれば、実行力を伴う組織文化は醸成されなくなります。

ケース③人間関係が原因で指示が実行されない

部長のBさんが直属の部下Cさんに顧客についての資料作成を指示しました。Cさんは日頃からBさんに好ましくない感情を抱いており、嫌がらせのように重要なポイントを記載せずに資料を作成して提出しました。部内で二人の関係性は度々問題に上がっていますが、関係が改善する気配は見られません。

対処法：個人間のやり取りではなく、会社の決定を下す

上長と部下の相性の悪さや年齢の相違による感覚の違いなど人間である以上「好き嫌い」はどうしても発生します。感情による影響で指示が実行されないというケースはよくあることです。感情を排したフォーマルなコミュニケーションで指揮命令を貫徹させましょう。個人間で話し合いをするというよりも、第三者が参加している会議などで議論して、冷静かつ合理的に実施事項を決めるのです。会社の正式決定は、人間関係による感情のよし悪しに影響を受けません。

ここまで現場会議におけるポイントと注意点を述べてきました。

先行指標をもとに管理を行うことで、結果が出る前に素早く手を打つことができるようになります。さらにその決めた打ち手を実行することを心がけましょう。

ダイレクトフィードバックで日常業務を管理する

行動のよし悪しに関係なくダイレクトフィードバックをする

ここまで現場会議についてお話ししてきました。

先述の通り、会議の開催頻度は週に１回程度が基本です。

しかし、組織の変革を考えた場合、会議というフォーマルな場以外で従業員の日常業務をいかにして改善していくのかも大切です。現場会議を開催して意識改革できても、会議以外の日常業務までを経営陣は完璧に管理することはできないからです。

そこで、本書の最後に、日常の業務プロセスでいかに現場メンバーと経営陣が接するかという観点から、ダイレクトフィードバックというコミュニケーション上のポイントを説明します。

ダイレクトフィードバックとは、日々の行動の良否をその場ですぐに上長から部下にフィードバックすることです。

よい行動をすぐに褒めるというのは読者の皆さんもされているかもしれません。一方で、業務上に問題がある行動や思考があったときに、すぐにフィードバックができているでしょうか。

相手が嫌な思いをするだろうから「次回の評価面談まで待っておこう」「今度2人になったときに話そう」などとは思ってはいけません。現場力を鍛えるためには、特に望ましくない行動や思考をとったときは、その場ですぐにフィードバックをすることが重要です。

たとえば、ある従業員が社内でお客様の悪口を言っていたとします。「お客様第一」を目指す自社の方針とは合わないが、ほかのスタッフもいるからと、その場では注意をしなかったらどうなるでしょうか。**時間を置いてしまうと、フィードバックすることを忘れてしまったり、指摘しても当の本人が忘れてしまっていたりする事態が**

起きます。時間が経ってしまい後で指摘しても本人は「そんなことは言っていない」と記憶になく「言った、言わない」の水かけ論になることもあるのです。

また、**時間を置いたフィードバックは「組織の力」を損なう恐れもあります**。

たとえば、ある会社では会議で1日1件、お客様に連絡をするというアクションが決まったのですが、会議の翌日にお客様に連絡を取っているスタッフが一人もいませんでした。上長はそのことに気づいたものの、1日単位で細かく指摘をするのも自主性を損なうのではないかと考え、次回の会議まで報告を待つことにしたそうです。

ところが、1週間たってもお客様に連絡をするスタッフは一人もいませんでした。会議で「決めたことはやろう」と発破をかけるも、その翌週の会議でも実施率は40パーセントと低いままでした。もしもすぐに指摘していれば、従業員の意識も変わって結果は違うものになっていたかもしれません。

上記のように、「あとで言おう」「いちいち小さいことを指摘するのは申し訳ない」と思っていると、指摘をするタイミングを逃してしまいがちです。上長による過干渉と批判を受けることもありますが、経営改善の必要なフェーズではトップダウンで改善を牽引していくことが重要です。

本章では現場会議を通して従業員の行動を徐々に変えていくためのノウハウを伝えてきました。

全体会議で経営状況を共有し、経営幹部会議で会社の課題と改善案を策定して、現場会議でその進捗を確認していく。そして、それぞれの段階ではCAPDサイクルを意識して徹底的に取り組んでいく。繰り返しになりますが、ビジネスモデルを一新したり、多額の設備投資を行う必要はありません。「年商5億円の壁」を突破するために、ぜひ「組織の力」を身につけていきましょう。

図 5-3　現場会議のまとめ

目的	現状を認識して課題を確認していく、CAPDサイクルを現場に根付かせる
参加人数	各チームのメンバー５～10名程度と上長１～２名程度
開催頻度	週１回
発表内容	①現状報告（15分程度が目安）
	②次回までのToDo（15分程度が目安）
準備すべきこと	・部署ごとに先行指標を決めておく
	・先行指標の集計方法を決めておく
	・現状の課題の共有や成功事例を考えておく

＋ダイレクトフィードバックを行う

現場の従業員が自律的に動くようになる

おわりに

最後までお読みいただき、ありがとうございました。本書は経営に悩んでいらっしゃる中小企業の経営者向けに書きました。

第1章でも紹介した通り、日本の中小企業の多くが「年商5億円の壁」を乗り越えられずにいます。何十年と経営を続けても、売上を伸ばすことができずに階段の踊り場で地団駄を踏むように成長を遂げられずにいるのです。

ここで、ぜひ一度創業当初を思い出してみてください。

新しい会社を興したとき、やる気に満ちあふれがむしゃらに奮闘して事業を軌道に乗せたのではないでしょうか。そのうち従業員が増えて、これからも頑張っていかなければ……。おそらく、そういう思いで頑張り過ぎた結果、周りがついて来られなくなってしまったのではないでしょうか。

「個人の力」に頼った経営を続けては、会社は一定の規模までにしか成長しません。

とくに外部環境の変化が激しくなった時代では、その傾向がより高まっています。「年商5億円の壁」をブレイクスルーするために必要なのは、本書で再三述べた通り、「組織の力」を身につけることです。そして、「組織の力」を身につけるために必要なことが、CAPDサイクルと3つの会議です。

「CAPDサイクルの速度が早い会社ほど業績が良い」

これは、たくさんの会社のコンサルティングをしてきた経験から断言できます。

CAPDサイクルの効果はここまでお読みになった皆さんにはもうおわかりのはずなので詳しくは述べません。ただひとつ、最後にみなさんにお伝えしたいことがあります。

それは、何事も行動することが大切だということです。

計画に1カ月も2カ月も時間をかけている暇はありません。現状を確認してこれだと思ったことをスピーディーに実行する。それがよければ継続し、違っていたら新たな改善策に移る。本書で述べたことに取り組みつつ、すぐ決めて、すぐ実行するようにするのです。そうすれば、自ずと道は拓けてくるはずです。

本書が皆さんの会社が発展する一助となればとても嬉しく存じます。

株式会社アカウティングプロ代表取締役　若杉拓弥

[書籍購入者限定無料特典]

本書の読者に無料特典をご用意しました。実際の全体会議・経営幹部会議・現場会議で役立つ「議事録のフォーマット」をプレゼントします。下記のQRコード、もしくはURLより取得することができます。

https://docs.google.com/forms/d/e/1FAIpQLScWoz8WXPpZP3kfeqCHsXp9SvhzywmbZFctQDniBCWKC6-bVQ/viewform

著者紹介

若杉拓弥（わかすぎ・たくや）

株式会社アカウティングプロ　代表取締役／若杉公認会計士事務所　代表
公認会計士・税理士・行政書士

1984年生まれ。慶應義塾大学商学部卒業。大学3年時に当時全国最年少学年で会計士試験に合格。実家の医院を継げなかった過去から、“会社の医者”として会計士の道を歩み始める。日々模索するなかで、会計事務所のものづくり補助金採択支援件数において業界ナンバー１となったことをきっかけに、日本全国の中小企業の経営支援を展開。新規事業立案・資金繰り改善・管理会計導入といった経営コンサルティング業務を数多く手掛ける。日本全国約400事務所が加盟する勉強会「経営革新先駆会」を開催するなど、業界内で大きな存在感を示している。

利益《りえき》を劇的《げきてき》にアップさせる！
90日《にち》で組織《そしき》が変《か》わる経営企画《けいえいきかく》の教科書《きょうかしょ》　〈検印省略〉

2023年　9　月　30　日　第　1　刷発行

著　者――若杉　拓弥（わかすぎ・たくや）
発行者――田賀井　弘毅

発行所――株式会社あさ出版
〒171-0022　東京都豊島区南池袋 2-9-9 第一池袋ホワイトビル 6F
電　話　03 (3983) 3225 (販売)
　　　　03 (3983) 3227 (編集)
F A X　03 (3983) 3226
U R L　http://www.asa21.com/
E-mail　info@asa21.com
印刷・製本　美研プリンティング (株)

note　http://note.com/asapublishing/
facebook　http://www.facebook.com/asapublishing
twitter　http://twitter.com/asapublishing

ISBN978-4-86667-638-8 C2034